EL FUSILAMIENTO DE LOS HERMANOS CANO Y OTROS RELATOS

ERANDIQUE
COLECCIÓN

EL FUSILAMIENTO DE LOS HERMANOS CANO Y OTROS RELATOS
José María Tobías Rosa

©Editorial Erandique 2024
Antología de: Óscar Flores López
Diseño de portada: Andrea Rodríguez-Lilyana Gálvez
Ilustración de portada: Elisa Esgasa
Administración: Tesla Rodas y Jéssica Cordero
Levantamiento de texto: Zona Creativa
Director Ejecutivo: José Azcona Bocock

Primera edición
Tegucigalpa, Honduras-febrero de 2024

JOSÉ MARÍA TOBÍAS ROSA

EL FUSILAMIENTO DE LOS HERMANOS CANO Y OTROS RELATOS

ERANDIQUE

COLECCIÓN

CONTENIDO

EL GENIO OLVIDADO DE ILAMA

Sin José Marías Tobías Rosa, Ramón Amaya Amador posiblemente nunca hubiera escrito la que es, a mi parecer, su mejor obra: *Los brujos de Ilamatepeque.*

Fue gracias a las investigaciones de Tobías Rosa en los archivos de Ilama, Santa Bárbara, que Honduras conoció los detalles del asesinato de dos soldados morazanistas: los hermanos Doroteo y Cipriano Cano.

El documento, publicado en abril de 1928 en la Revista del Archivo Nacional bajo el título de EL FUSILAMIENTO DE LOS CANO, dio a conocer la trama planificada por los sectores oscurantistas de aquella época (1843), para asesinar a los hermanos.

La acusación encabezada por políticos, entre ellos el alcalde municipal, y apoyada por el cura y vecinos de Ilama —antes Ilamatepeque— se refería a "brujería", pero el trasfondo era otro: los hermanos Doroteo y Cipriano representaban una luz en medio de la ignorancia.

Como soldados del general Francisco Morazán, Doroteo y Cipriano se contagiaron de ideas revolucionarias como la abolición del diezmo, el matrimonio civil y la laicidad de la educación, que separaba la enseñanza pública de la influencia religiosa. Y eso no era bien visto por las mentas conservadoras de ese entonces.

El documento de Tobías Rosa, aunque corto, es esclarecedor. Una joya histórica que debe ser estudiada en escuelas y colegios de Honduras como parte de la ansiada Cátedra Morazánica… que esperamos que algún día sea implementada.

EL FUSILAMIENTO DE LOS CANO es, sin embargo, apenas una de las muchas contribuciones que hizo este olvidado genio de Ilama.

Porque José Mará Tobías Rosa también fue dramaturgo, folclorista, periodista, porta, cuentistas, investigador, historiador, fabulista, geógrafo y botánico.

Y por si fuera poco… ¡Alcalde municipal!

Por las miserias de este país, Tobías Rosa es apenas conocido por un reducido grupo de hondureños. Esta Antología, encabezada por la tragedia de los hermanos Cano, busca rescatarlo de ese injusto olvido.

Sus fábulas, por ejemplo, están llenas de sabiduría, lecciones de vida, reflexiones y enseñanzas que, a noventaiún años de su fallecimiento, no han perdido vigencia.

Igual ocurre con sus obras de teatro. En esta edición incluimos Consecuencias de la amistad íntima, en la que un amigo necio se entromete en la felicidad de una joven pareja. ¡Qué bonito sería que montaran esta pieza en los colegios!

Pocas personas han amado de manera tan entrañable a su departamento de origen como José María Tobías Rosa lo hizo con Santa Bárbara.

La Antología que hoy presentamos contiene libros publicados en 1902 (Artículos y Poesías y Colección de composiciones); 1918 (Flora y fauna santabarbarense) 1930 (Consecuencia de la amistada intima) y 1932 (Cuentos y Fábulas). Además del mencionado artículo EL FUSILAMIENTO DE LOS CANO.

Colección Erandique se enorgullece de publicar *EL FUSILAMIENTO DE LOS HERMANOS CANO Y OTROS RELATOS,* pues de esta forma estamos contribuyendo a hacerle justicia a José María Tobías Rosa.

CRONOLOGÍA

El poeta José González, en **josegonzalezparedes.blogspot.com**, hace una cronología de los años más importantes de José María Tobías Rosa.

1874. Nace en Ilama, Santa Bárbara, el 2 de julio. Fueron sus padres, Leandro Rosa y Rosario Bueso, oriunda de Comayagua. Tuvo tres hermanas: Adela, Patrocinia y Mercedes.

1885. Comienza sus estudios de secundaria en el Colegio Nacional de Santa Bárbara.

1888. Siendo estudiante en el mismo colegio, junto a su compañero de estudios, Jesús Arriola, funda un periódico llamado "El Ensayo", de pequeño formato y que abogaba por la unión de Centro América.

1893. Se gradúa de Bachiller en Santa Bárbara.

1893. Diciembre. Parte para Guatemala, con el objetivo de empezar estudios de Medicina.

1894. Habiendo enfermado gravemente, abandona sus estudios de Medicina y se matricula en la Escuela de Comercio, que era dirigida por el pedagogo Sóstenes Esponda y se gradúa de Perito Mercantil y Teneduría en Libros.

1895. Funda con varios intelectuales guatemaltecos, la Sociedad-Científica-Literaria "Ecos del Siglo", en la cual es nombrado Vicepresidente. Además, colabora con los diarios "El Ferrocarril" y "El mensajero de Centro América".

1895. Después de realizar varios trabajos en Guatemala, regresa a Honduras, muy enfermo. El entonces presidente de Honduras, Policarpo Bonilla, le propone el cargo de Administrador de Rentas del departamento de Cortés, pero no acepta debido a que su padre se encuentra gravemente enfermo y decide estar junto a él.

1900. Regresa a Ilama y funda la revista "La Propaganda Católica", de 40 páginas y de la cual se publicaron, 8 números.

1902. Publica en Tegucigalpa, dos libros: "Artículos y poesías: Composiciones en verso y prosa" y "Datos geográficos e históricos del departamento de Santa Bárbara".

1904. Es electo Diputado suplente a la Asamblea Nacional Constituyente de entonces.

1906. Nace su hijo Rubén Ángel, el 14 de febrero, producto de su unión con la señora Clorinda Aguilar. Con el tiempo, Rubén se convirtió, como su padre, en escritor.

1910. Gana un concurso literario en Estados Unidos, convocado por la Casa Richards, de Nueva York, Con los fondos obtenidos, compra una imprenta en la firma comercial Kelsey Press y la trajo, Ulúa arriba, desde Pimienta hasta Santa Bárbara.

1911. Funda "La Tipografía Infantil, en Santa Bárbara y funda el quincenario "La ofrenda infantil".

1913. Funda en Santa Bárbara, "El Ideal". En este medio, era redactor su coterráneo, Jesús Aguilar Paz. La imprenta seguía siendo la misma.

1914. Se traslada a Ilama, y sigue publicando "El Ideal".

1915. Es nombrado Administrador de Rentas de Santa Bárbara. Se establece allí y funda el medio "Mensual".

1918. Funda en Santa Bárbara, el semanario humorístico "El Alacrán".

1919. Publica en Tegucigalpa, "Flora y fauna santabarbarense". Da inicio a su ciclo del teatro escolar, al publicar la obra "La honradez ante la infamia"

1921. En el mes de enero, parte para El Salvador. Monseñor Belloso y Sánchez, le confía la dirección del diario "La Palabra". Escribe y publica, su poema "Himno a Honduras". En abril de ese mismo año, parte de nuevo para Ilama, debido a su mala salud.

1924. Pompilio Ortega, a la sazón Ministro de Instrucción Pública, le confiere el título honorífico de Maestro.

1927. Publica en San Pedro Sula, en la imprenta "El Comercio", los tomos I y II de su Teatro Escolar Hondureño. Tomo I: El demonio ante el alcohol; Un mártir de la tolerancia y Un sabio como hay muchos.

1929. Publica en San Pedro Sula, otro tomo de teatro, conteniendo las siguientes obras: El drama sangriento o la guerra maldita; Las ardides de Sofía; Las intrigas de un malvado; El sargento y el general; Ciencias políticas y El lamento de un Maestro.

1930. Sigue publicando sus dramas en dos tomos: Tomo III: Ladrón, parricida y traidor; Los reclutas y Escenas campestres. Tomo IV. Juzgar por las apariencias o el martirio de la huérfana y Consecuencias de la amistad íntima. Ambos tomos en la imprenta "El Comercio", de San Pedro Sula.

1931. Publica su antología dramática: Teatro Hondureño de 1929 a 1931.

1932. Publica el libro en verso "Misceláneas de problemas escolares" en la Tipografía "Cervantes" de San Pedro Sula y el libro "Cuentos y fábulas en verso" en la Tipografía Nacional de Tegucigalpa.

1933. Muere en Ilama, al calor de los suyos, el 8 de noviembre, a la edad de 59 años.

Óscar Flores López/Editor Colección Erandique

EL FUSILAMIENTO DE LOS CANO
(Episodio histórico)

Todo individuo que hubiera llegado el 4 de abril del año de 1843 a este pueblo de Ilama, se hubiera sorprendido al notar la agitación en que se encontraba esta población, compuesta entonces de indígenas de pura sangre. La causa de aquella efervescencia consistía en que, a las cuatro de la tarde, serían fusilados en la plaza pública dos hombres a quienes se les había acusado de ejercer la magia.

¿Quiénes eran aquellos individuos que estaban condenados a muerte, sin consultar tal procedimiento en el Gobierno o con las autoridades departamentales...?

Cipriano y Doroteo Cano, vecinos y nativos de este pueblo de Ilama, eran dos valientes soldados que habían acompañado al General Morazán en los combates de La Maradiaga, La Trinidad, Gualcho, San Antonio, San Miguelito, Las Charcas y Guatemala. Cuando aquel insigne caudillo llegó a Costa Rica, los Cano le siguieron, tomando parte en la división que comandaba el general Saget.

Después del desastre ocurrido el 15 de septiembre de 1842, con la muerte del general Morazán, se embarcaron acompañando a Saget en la barca *Coquimbo* y llegaron al puerto de La Libertad (El Salvador) en diciembre del mismo año.

Al desorganizarse esta expedición, Cipriano y Doroteo Cano, después de mil trabajos y penalidades, pudieron regresar a este pueblo, en donde fueron maltratados por haber pertenecido a las fuerzas del inolvidable héroe de La Trinidad. Fácilmente es de presumir que aquellos indígenas que habían recorrido las provincias centroamericanas, tuvieran más conocimientos que sus compatriotas, y que, por esta razón, sufrieran la animadversión de sus conciudadanos.

Habiendo aprendido de algún prestidigitador algunas suertes de escamoteo o de transformismo, sus ignorantes camaradas les vieron con horror, creyendo que todo lo que hacían eran cosas sobrenaturales o diabólicas.

Por todo lo expuesto trabajaron en el ánimo del Alcalde don Gervasio Lázaro, para que se les siguiera un juicio en el cual serían acusados como secuaces o auxiliares de Satanás y demás espíritus infernales.

Como es de suponerse, sobraron los testigos que habían p presenciado los innumerables sortilegios y diabluras cometidos por aquellos infelices.

El Alcalde Lázaro, usurpando las facultades reservadas a los tribunales superiores, pronunció la inicua sentencia que copiamos íntegramente, y que hallamos allá por el año de 1901, en el expediente que se encontraba en el Archivo Municipal de este pueblo. Encontramos dos borradores de dicha sentencia, uno más corto y el otro más extenso, que suponemos que debe haber sido el que se publicó en la mañana del día de la ejecución.

Dicha sentencia decía así:

"Sala Consistorial del pueblo de San Cristóbal de Ilamatepeque, a los cuatro días del mes de abril de mil ochocientos cuarenta y tres. Vistas las declaraciones tomadas para averiguar la verdad de los hechos imputados a los individuos Cipriano y Doroteo Cano, oriundos y vecinos de este pueblo, a quienes ha acusado el clamor público como brujos o hechiceros, debido a que ejecutan multitud de sortilegios con los chales obtienen resultados fantásticos o diabólicos que tienen alarmado al vecindario y pueblos circunvecinos.

Resulta: que el primero del mes recién pasado, según la declaración del señor Síndico Municipal don Antonio Tróchez —con motivo de un escándalo que promovieron los citados Cano— aquel empleado trató de capturarlos y recluirlos en la cárcel pública, en donde debían de haber permanecido por el término de cuarenta y ocho horas, lo que no se pudo lograr debido a que los citados brujos en precipitada fuga se refugiaron en las casas que tienen en el punto denominado por ellos El Colegio, en donde existe la Academia de Brujería, o sea donde enseñan sus artes diabólicas a un gran número de jóvenes de este pueblo, de Chinda, Gualala y Macholoa: que al llegar el Síndico en pos de ellos a las puertas de sus casas las encontró abiertas y observó que de las vigas de las habitaciones pendían dos enormes racimos de guineos: que habiendo la escolta tomado algunos guineos se los comió y observó que las conchas o cáscaras se transformaban en los ruedas de los calzones de los citados Cano.

Resulta: que los testigos Eusebio Berdugo, Antonio Tróchez y Marcos López afirman en sus declaraciones que el diez de marzo pasado los Cano, en estado de embriaguez, a grito amenazaban destruir este pueblo por medio de un gran huracán que arrasaría las casas, llevándose el diablo a todo este vecindario, y que, en la madrugada del quince del mismo mes, habiéndose levantado los declarantes muy temprano, fueron a lavarse las manos al río, cuando vieron que venía la Iglesia de este pueblo sobre la corriente del río, y que en las dos torres, en el vértice de ellas, venían los dos terribles hechiceros, quienes dijeron a los declarantes que no habían podido llevarse la Iglesia río abajo por haber tropezado con una gran cruz de plata maciza que se encuentra en medio de la poza llamada de El Remolino, en la vuelta del río Ulúa, cerca de esta población.

Resulta: que los testigos Luis Gómez, José Ángel García, Fernando Sánchez, Teodoro Hernández y Juan Gómez en sus declaraciones afirman que Cipriano y Doroteo Cano han puesto verdaderos criaderos de gusanos en las piernas de varios individuos de este pueblo, en cuenta el maestro herrero Juan González, quien murió comido de ellos, y Marta Sánchez, que, en la agonía, depuso una enorme hicotea que aquéllos le habían introducido en el estómago, hechos probados por ellos mismos que se vanagloriaban de causado aquellos perjuicios.

Resulta: que los testigos Silvestre López, Casimiro Cortés y Pablo Sánchez confiesan que una noche vieron a Cipriano y Doroteo Cano, a las doce de la noche, en el camposanto que está en la orilla de esta población, comiéndose el cadáver de la señora Narcisa López, en compañía de varios espíritus diabólicos que les acompañaban en el festín, mientras que otros seres invisibles tocaban instrumentos desconocidos cuyas notas espeluznaban a los declarantes que salieron en precipitada fuga, horrorizados de semejante espectáculo

Considerando: que hay una multitud de declaraciones en que se afirma que Cipriano y Doroteo Cano han hecho bajar al sepulcro a todos sus enemigos que han tenido y que a muchos han dejado rencos, sordos o mudos.

Considerando: que cuando han andado en paseada dichos individuos han afirmado que a ellos nadie los puede matar porque en Managua han aprendido las artes que saben de la magia.

Considerando: que según los informes dados por los mismos Cano han acompañado en sus correrías por Gualcho, La Trinidad, San Pedro Perulapán, Guatemala y Costa Rica al bandido de Chico Morazán, que acaban de ultimar los patriotas de Costa Rica, y que siendo dicho Morazán enemigo de· nuestro país, son también considerados como tales los que acompañaban a aquel tiranuelo nefasto.

Por tanto: esta Alcaldía, oído el parecer del Fiscal y de la Municipalidad, de sus regidores, alguaciles de corte y de campo, y más que todo, tomando en cuenta el clamor público que pide que sean ultimados esos brujos para lograr la tranquilidad y sosiego de la población, **SENTENCIA** a Cipriano y Doroteo Cano, a que sean fusilados en la plaza pública de este pueblo, cerca de la cruz del perdón, el día de hoy, a las cuatro de la tarde; y que, después de la ejecución, sean arrastrados los cuerpos con sogas, paseados por la calle principal de este pueblo, y llevados así al otro lado del río Ulúa, en donde serán sepultados en la cima de un cerro pelón que allá se encuentra, para ejemplo y escarmiento de pícaros y hechiceros; que se incendien las casas que tienen esos individuos en el lugar del Colegio, y que se den cien palos a cada uno de los discípulos que tenían y que están presos en el cepo de la Consistorial de este pueblo.

Se ordena: que esta sentencia sea publicada por el pregonero, al son del tambor y de la corneta por las calles antes de la ejecución, advirtiendo que todo aquel que abogue por el perdón de los reos, así como el que se niegue a apedrearlos cuando estén muertos, sufrirá cien palos en las espaldas.

Dada en la Sala Consistorial de este pueblo de Ilamatepeque, firmada de mi mano y autorizada por el escribano de esta Alcaldía Constitucional, a los cuatro días del mes de abril de mil ochocientos cuarenta y tres.

Gervasio Lázaro, Alcalde 1° Constitucional. Juan A. López, Escribano".

Conducidos al lugar de la ejecución, dicen que, al hacerles fuego, los proyectiles no les ocasionaron daño alguno, lo que causó el pánico entre la muchedumbre... Pero hubo alguien que indicara que debían curar las balas con cera y algodón benditos, para que pudieran penetrar en el cuerpo de aquellos desdichados. Así lo hicieron, y Cipriano y Doroteo Cano, cayeron muertos al pie de la cruz que vio perpetuarse tan horrible asesinato.

Los cadáveres fueron atados con fuertes cuerdas y trasladados a una colina del otro lado del Ulúa, en donde fueron sepultados. Pocas horas después de la muerte de los Cano, llegó, procedente de Santa Bárbara, un pariente de aquellos desdichados, que había ido a aquella ciudad a denunciar ante el Jefe Departamental don Pascual de Paz, el crimen que se proyectaba cometer aquí.

Aquel empleado envió al Alcalde Suazo una enérgica nota, concebida en estos términos:

"Santa Bárbara. 4 de abril de 1843. Señor Alcalde 1° Constitucional. Ilamatepeque.

Se servirá Ud. remitir inmediatamente a este Despacho a Cipriano y Doroteo Cano que Ud. tiene presos y sentenciados a muerte, según me han informado. Se advierte: que si usted sigue maltratando a los reos o procede a su ejecución, será usted responsable por ese asesinato, ya que procediendo así, usurparía funciones que son exclusivas del Supremo Gobierno. —D. U. L.— Pascual de Paz".

Como se ve, la nota que hubiera salvado la vida de aquellos dos soldados de Morazán, llegó tarde, y la orden del Jefe Departamental no tuvo efecto. No obstante, el juicio respectivo se siguió en Santa Bárbara, saliendo el pueblo de Ilamatepeque condenado a la última pena. Don Saturnino Bográn, como Representante de este Departamento, obtuvo del Congreso reunido en Comayagua, el indultó respectivo, fundando su petición en que la ignorancia había obligado a esta gente a ejecutar tan horrible crimen.

El célebre historiador don Lorenzo Montúfar, en el Tomo V de su *Reseña histórica de Centro América*, trata extensamente de este asesinato, haciendo los comentarios del caso y reproduciendo algunos documentos interesantes acerca del particular.

(Publicado en la Revista del Archivo Nacional, Tomo 6, número II.
Abril de 1928).

DATOS HISTÓRICOS Y GEOGRÁFICOS DEL DEPARTAMENTO DE SANTA BÁRBARA

(Formulados á pedimento del Señor Don Inés Navarro).

PRIMERA PARTE

1. Tribus que habitaron esta comarca. 2. Tradiciones indígenas. 3. Idioma. 4. Religión. 5. Usos y costumbres de sus antiguos pobladores. 6. Poblaciones anteriores al establecimiento de los españoles. 7. Ruinas de las poblaciones que desaparecieron hace años.

I

Aunque no se tiene un dato seguro sobre la clase de tribus que habitaron el departamento de Santa Bárbara, puede creerse que sus primitivos pobladores descendían de los Chorites ó Chortises (E.G. Squier, Apuntamientos sobre Centro América) de Sensenti, ó sea del mismo grupo de mayas que poblaron el departamento de Gracias.

II

Hace más de cuatrocientos años que de generación en generación ha pasado hasta nuestros días la célebre tradición de la misteriosa gruta del cerro Malin, que se encuentra al norte del pueblo de Ilama. Decíase en aquellos antiguos tiempos, y aun lo afirman algunos ancianos octogenarios que viven todavía, que antes de la venida de los españoles, la cueva del cerro Malín era habitada por una legión de demonios, quienes proporcionaban riquezas á todas aquellas personas que se inscribían en el registro que un hombre negro llevaba con toda exactitud en la puerta de la gruta.

Además, se aseguraba que los mismos espíritus diabólicos les predecían con ciertas señales las desgracias que sucederían en la población. Así, por ejemplo, cuando estaba próxima el hambre en los pueblos, se encontraban en la entrada de la gruta vestigios de yuca, zapotes, nísperos, sandías, melones, etcétera, lo cual indicaba que en ese año no habrían cosechas de maíz ni cacao, por cuya razón tendrían que alimentarse con otra clase de frutos. Cuando iba á lograrse una buena cosecha, por el contrario, aparecían en la puerta de la gruta enormes cantidades de maíz destusado, racimos de plátanos, etcétera, lo cual indicaba que en ese año habría abundancia de esos frutos. Ante tan plausible nueva, los indígenas se alegraban, y celebraban fiestas al son de caracoles, cuernos y pitos.

Hoy, la tal cueva ha sido explorada por varios hijos del país, entre ellos el que esto escribe, y no se ha encontrado en ella ninguna cosa particular que pueda llamar la atención. Se cree, con cierto fundamento, que esta gruta fué formada por una gran conmoción interior de la tierra, y no, como suponen otros, que fué labrada exprofesamente por los antiguos aborígenes de estos pueblos.

Decimos que no hay razón para creer que en la apertura de esta gruta intervino la mano del hombre, porque en las paredes y piso de ella, lo mismo que en el techo, que están formados de piedra fina, no se notan las huellas de cincel ú otro fierro que haya horadado la peña.

Además, allí no hay vestigios de veta mineral, para creer que sería alguna antigua mina, ni comunica con otra gruta, para suponer que haya sido uno de tantos caminos subterráneos de que disponían los antiguos indígenas. Sucede con esta gruta como con la del renombrado cerro de Pencaligüe, cerca del pueblo de Atima, en este departamento, en el cual también se creía antiguamente que vivía el Diablo, pues se oían, según dice la tradición, cantos de chompipes, gallos, etcétera.

También ha sido explorada esta caverna, y se ha confirmado la opinión de que su formación se debe á grandes accidentes geológicos que tuvieron lugar hace muchos siglos. Sin embargo, y principalmente entre los indígenas, prevalece la creencia de que allí, en esas grutas, habitan los demonios, siendo difícil que los que así creen transiten solos por esos parajes que la superstición ha hecho sospechosos.

III

Los pueblos indígenas de Macholoa, Celilac, Yamalá, Ilamatepeque, etcétera, hablaban la lengua maya.

IV

En el pueblo de Ilamatepeque, hoy simplemente Ilama, se adoraban antiguamente, según refiere la tradición, dos personajes vivientes, que se supone hayan sido de la nobleza indígena. Estos dioses eran varón y hembra; predecían lo futuro y repartían beneficios y distinciones entre sus creyentes. Cuando fueron sojuzgados estos pueblos, dice la tradición que los hombres blancos lograron capturar á la diosa, quien fué sentenciada á morir en una hoguera; no así el dios varón, quien logró escaparse, ignorándose el rumbo que tomó. En los demás pueblos, como Yamalá, Celilac, etcétera, se dice que apareció en tiempos muy remotos, y antes de la venida de los españoles, una mujer de tez muy blanca, quien poseía todas las reglas de la magia.

Aquella mujer les hizo aceptar una nueva religión, obligándolos á que tributaran respeto al Gran Padre y á la Gran Madre. Después de esto desapareció aquel fantasma, ignorándose su paradero.

V

Todos los pueblos que hemos mencionado, así como los demás que habitaban el área de terreno que forma hoy el departamento de Santa Bárbara, se dedicaban á la siembra del maíz, frijoles, etcétera. Cuidaban también de los árboles frutales. Entre éstos, el cacao era la planta predilecta, pues constituía parte de su alimento, en el chilate, especie de atole, que solían tomar y aun toman algunos indígenas. La poligamia era permitida en todas las clases sociales. Las habitaciones antiguas en nada diferían de las construidas hoy por los actuales indígenas. El espíritu belicoso de estos pueblos les hacía que vivieran en frecuentes y desastrosas guerras. Las armas que usaban en los combates se reducían á flechas envenenadas, cuchillos de madera resistente, palos ó garrotes convenientemente arreglados. Todos estos pueblos eran mandados por un jefe que se denominaba KALET, y que residía en Tencoa.

VI

Entre las poblaciones anteriores al establecimiento de los españoles, y que fueron destruidas en aquella época por las avenidas del Ulúa, se puede citar el gran pueblo de Teconaliztagua, que se encontraba situado á una milla de Ilamatepeque y que ocupaba una gran planicie formada por las vegas del Ulúa. Los habitantes de este pueblo se dedicaban á la fabricación de sombreros de palma. Aún se encuentran en el lugar en que existió aquella población grandes palmares, que eran los que les suministraban los elementos necesarios para la industria á que se dedicaban.

Hace tanto tiempo que fué destruida esta población (cuatro siglos, poco más ó menos), que no hay restos que atestigüen su existencia. Tan sólo por lo que se sabe por documentos muy antiguos, como son los primitivos títulos de Ilama, se tiene conocimiento de que existió aquel pueblo, aunque entonces estaba extinguiéndose, y sus moradores, en su mayor parte, se habían trasladado á la vecina población de Ilamatepeque.

VII

Hacia el sur del pueblo de Ilama (Ilamatepeque antiguamente) se encuentran tres cerros unidos entre sí, denominados de Santa Lucía, tras de los cuales, y en una hermosa planicie, que aún se encuentra allí, existió una población tan grande como la de Teconaliztagua, que se llamaba Santa Lucía. Este pueblo, fundado después de la conquista, hace algunos siglos que desapareció, no encontrándose hoy ni ruinas que indiquen que hubo allí población alguna. Las poblaciones más florecientes que existían cuando vinieron los españoles, eran, en el departamento de Santa Bárbara, las siguientes: Tencoa, Yamalá, Celilac, Ojuera, Macholoa, Ilamatepeque, Yojoa y Chinda.

El pueblo de Ilamatepeque comenzó á fundarse en el año de 1480, por una familia numerosa, oriunda de Teconaliztagua, quien construyó su casa en el punto denominado El Palenque, así llamado por existir allí un enorme cedro, y que hoy queda situado al NE del pueblo de Ilama. Por ese tiempo acaeció la inundación del pueblo de Teconaliztagua, y la mayor parte de los vecinos de este pueblo se trasladaron al barrio de El Palenque, formando así el gran pueblo que en aquellos tiempos llevaba el nombre de Ilamatepeque. Respecto á la fecha en que se poblaron los demás pueblos que hemos mencionado, se ignora por completo; mas es creíble que todos ellos fueron poblados en el mismo tiempo que lo fué el de

Ilamatepeque, atendiendo á que los indígenas pobladores hablaban el mismo idioma, tenían las mismas costumbres é igual grado de civilización.

Tencoa fué fundada muchos años antes que el pueblo de Ilamatepeque, por las primeras tribus que poblaron estos pueblos. Cuando los españoles llegaron a Tencoa, contaba con una población numerosa, por cuya razón, y una vez sojuzgada al dominio del rey, establecieron allí las autoridades principales, que debían regir los demás pueblos del partido.

SEGUNDA PARTE
(Período Colonial)

1. Ciudades y villas fundadas en él. Fecha de la fundación. 2. Tradiciones de esta época. 3. Minas explotadas. 4. Extinción de los pueblos de Yamalá y Celilac.

I

La principal población que se elevó a la categoría de villa durante los primeros años del período colonial, fué Tencoa, en cuyo punto residían, como ya se dijo anteriormente, las autoridades departamentales ó que gobernaban el partido, como antes se decía.

Santa Bárbara fué fundada en el año de 1761 por algunas familias oriundas de Gracias, quienes abandonaron su país para librarse de la excomunión que lanzaron sobre aquella ciudad unos misioneros católicos, por la trágica muerte que recibiera en ella un sacerdote á quien llamaban El Bulero, y que había arribado á aquellas tierras con el objeto de expender algunas bulas y reliquias cuya venta le había encomendado la Santa Sede.

Aquellas familias eligieron para edificar la población de Santa Bárbara una planicie que se encontraba rodeada de pequeñas colinas, en la cual había ya una hacienda o casa de campo denominada *Cataquilas*, en las márgenes de la quebrada del mismo nombre. Dieron al pueblo el nombre de "Poblado de Santa Bárbara" en honor de la imagen que se ha venerado siempre en aquella ciudad.

Posteriormente, en 1815, cuando la villa de Tencoa fué inundada por el Ulúa, sus moradores se trasladaron á Santa Bárbara, fundando una agrupación de casas que se conocía con el nombre de "Barrio del Guayabal".

II

Las tradiciones más importantes que pueden mencionarse y que corresponden al período colonial, son la de la Mina de Mala Nova y la del Espectro de Jololo. He aquí ambas tradiciones, según se refieren en nuestros días y tal como las he publicado en el "Diario de Honduras'" y "La Propaganda", respectivamente.

III

Las minas explotadas en el departamento de Santa Barbara han sido dos: la de "Santa Cruz" y la de "Las Minas", en el pueblo de Sula. La de Santa Cruz, explotada por una compañía francesa, era notable por la gran cantidad que producía de oro y plata; mas en 1887 todos los trabajos de este mineral fueron abandonados. Esta misma suerte cupo á la mina de Sula, pues la compañía americana que la explotaba abandono los trabajos, retirándose a su país.

En 1891 se establecieron otras empresas mineras en Joconal, jurisdicción de Macuelizo. En el distrito de Quimistán hay muchos vestigios de minas que fueron explotadas en tiempo de los españoles; y en la montaña de Joconal, llamada El Oro, cerca de la cabecera del río Chiquila, hay grandes excavaciones mineras que fueron ejecutadas por los primitivos aborígenes que residían en el país antes de la conquista.

IV

La población de Yamalá se extinguió en 1815, y la de Celilac, en 1878. Sus habitantes se trasladaron á los pueblos cercanos. De aquellos pueblos sólo quedan como memoria las ruinas de sus iglesias y edificios principales.

TERCERA PARTE

1. Actitud que asumieron las poblaciones de este departamento al verificarse la Independencia. 2. Fecha en que se constituyeron los distintos municipios. 3. Vicisitudes que han sobrellevado con motivo

de la política ó de la guerra. 4. Hambres. 5. Pestes é incendios ocurridos desde la Independencia. 6. Hombres notables que tuvo el departamento. 7. Fusilamiento de los Cano. 8. Edificación de la iglesia de Ilama.

I

Los pueblos del departamento de Santa Bárbara acogieron con entusiasmo la Independencia, proclamada en 1821. Todas las Municipalidades del departamento fueron llamadas á Santa Bárbara para que asistieran á los actos cívicos que tuvieron lugar por aquel fausto suceso. Refiere un anciano, Juan A. López, Secretario municipal del pueblo de Ilama en esa época, y que aún existe, que un señor José F. Zelaya, en una alocución que dirigió a las Municipalidades, dijo:

—Que la Independencia sólo traería á Centro América desgracias y calamidades; y que los pueblos, no comprendiendo los sinsabores que les estaban reservados, celebraban con inusitado regocijo los funerales de la paz y del bienestar centroamericano".

Como se ve, el señor Zelaya no deseaba la emancipación, y predecía desgracias que, si llegaron a suceder, no fueron debidas á la separación de estos pueblos de la Vieja España.

II

El pueblo de Ilama se erigió en municipio el año de 1750, según se ve en documentos que se encuentran del siglo XVIII. De los demás pueblos ignoramos la fecha en que se eligieron sus Municipalidades. He aquí una copia de los requisitos que seguían para que tomara posesión de su empleo la Municipalidad de Ilama: "Sello quarto vn qvuartillo, años de mil setecientos noventa y dos y noventa y tres. —Sello del Rey. —En el pueblo de San Christóbal de Ilamatepeque, de la Rial Corona de S. M., en treynta y un días del mes de Diciembre de mil setecientos noventa y cinco. Conviene á saber que Antonio Banegas é Isidro de la Cruz estando en la sala del cabildo juntamente con todos los vecinos y naturales de este pueblo para elegir y nombrar alcaldes y regidores como está acostumbrado en nombre de S. M. (Q. D. G.), que así lo manda por sus riales ordenanzas; y habiendo practicado sobre la dicha elección con parecer de todos los vecinos y común del pueblo, en nombre de S. M. votamos y elegimos por Alcalde ordinario á Domingo Berdugo, porque así conviene al servicio de Dios y del Rey nuestro Señor, y en particular para el bien común del pueblo; votamos y elegimos por Regidor Maior, á Juan Alexandro Tróchez, y á Hipólito López para Regidor Menor, y á Isidro de la Cruz para Alcalde de la Hermandad, y para alguacil Maior á Lorenzo García, y á Juan Bautista Sánchez para alguacil del Alcalde, y á Antonio Hernández para alguacil mexonero; y para alguaciles de corte, Gregorio Lázaro y Felipe Berdugo, Damián Cortés y Feliciano López; y á Miguel Hernández alguacil de campo, porque así conviene al servicio del Rey nuestro Señor. —Los cuales, estando presentes aceptaron los dichos oficios y les fué tomado juramento por una señal de cruces para que cumplan y reconozcan el cargo de su mayor obligación, según lo manda S. M. entre sus vasallos; y los referidos oficiales los firmaron con sus nombres, en dicho día, mes y año. —Alcalde, Domingo Berdugo y demás ministros de la justicia".

"Don Alexandro de Medina, Capitán Infante de las milicias de Comayagua, Teniente y Gobernador Subdelegado de la Intendencia, y Comandante de las armas de este partido de Tencoa. Certifico en debida forma á los señores que la presente vieren, como ante mí han presentado los naturales del pueblo de San Cristóbal de Ilamatepeque, la elección que antecede para las justicias que han de gobernar en dicho pueblo en este presente año, los cuales electos, son aptos canónicamente para el cumplimiento de sus oficios, y por ende, doy la presente en este poblado de Santa Bárbara, á catorce de febrero de mil setecientos noventa y seis. —Alexandro de Medina.

III

Los pueblos del departamento de Santa Bárbara fueron continuamente sacrificados por las revueltas políticas que tuvieron lugar después de la Independencia, tanto por los empréstitos que derramaba el Gobierno entre los propietarios, como también por el fallecimiento de los soldados en los combates que se libraron en aquellos tiempos. Según refiere el anciano Cirilo Banegas, que militó bajo las órdenes del General Morazán, este ilustre caudillo tenía especial predilección por los soldados del departamento de

Santa Bárbara; Guardiola estimaba en mucho al batallón formado por los milicianos de Ilama y Gualala. Los vestía con uniformes verdes adornados con cintas rojas, por cuya razón les llamaban "Los pericos". Este batallón, como el de la Guardia Imperial de Bonaparte, era tan apreciado por Guardiola, que sólo por una grave necesidad, ó en un lance muy apurado, entraba en acción.

IV

En 1832 hubo una hambre tan terrible en estos pueblos, que muchas familias murieron por la falta de alimentos.

V

El cólera y la viruela son las pestes que han diezmado las poblaciones de este departamento. El primero apareció en dos ocasiones distintas: en 1837 y en 1857. La viruela resultó en 1836, en 1856 y en 1894, en cuyo año mermó en grado alarmante la población del pueblo de Ilama. Llegó en esta época á tal extremo la mortandad de la gente, que el Doctor don Policarpo Bonilla, Presidente de la República, en unión del Doctor don Miguel Paz y de los señores General don S. Iriarte y Coronel don F. Davadí, dictaron las medidas necesarias para exterminar de raíz aquella terrible epidemia. El 3 de mayo de 1879, como á las doce meridiano, un horrible incendio destruyó las tres cuartas partes de las casas del pueblo de Ilama.

Muchas familias quedaron sumidas en la miseria; mas la caridad que distingue á nuestras poblaciones, hizo que se levantaran suscripciones á favor de aquellos desgraciados, y á todos ellos se les ayudó con dinero para que reconstruyeran las habitaciones que el abrasador elemento les había destruido.

VI

Entre los hombres más notables que han dado las poblaciones del departamento, figuran los siguientes: General don Ponciano Leiva, ex-Presidente de Honduras, oriundo de Ceguaca, jurisdicción de Santa Bárbara; don José Francisco Zelaya y el General don Luis Bográn, ex-Presidente de la República, oriundo de la ciudad de Santa Bárbara.

VII

En 1840, en el pueblo de Ilama, ocurrió un hecho trágico. Era Alcalde municipal en ese tiempo el señor don Gervasio Lázaro, á quien obligó el pueblo en masa á que fusilara sin preámbulo ó fórmula alguna de juicio á los indígenas Cipriano y Doroteo Cano, quienes estaban acusados como brujos o hechiceros.

Refiérese con toda seriedad que aquellos individuos tomaban la forma de animal que querían para asustar á las personas que no simpatizaban con ellos: que tenían caminos subterráneos para cruzar de un punto á otro; y por último, según dicen los viejos que presenciaron la ejecución, fueron acusados porque, según se tuvo informe, deseaban trasladar la iglesia, que estaba construyéndose en aquel tiempo, á un punto muy distante, después de destruir el pueblo, cuyos moradores habían sido inscritos por estos hechiceros en el registro que llevaba el Diablo en persona en la gruta del cerro Malín.

Dicen que una vez en el lugar de la ejecución, y al hacerles fuego, los proyectiles no les ocasionaron daño alguno, y que entonces se vieron en la necesidad de "curar las balas con cera y algodón benditos". Aseguran que únicamente así pudieron penetrar dichas balas en los cuerpos de aquellos infelices, víctimas de la superstición y de la ignorancia.

También se asegura que el Alcalde fué llamado á Santa Bárbara para procesarlo por el homicidio referido; mas habiendo ido todo el pueblo á defenderlo, diciendo que él había obligado á aquel funcionario á que ordenara la ejecución, las autoridades del departamento no quisieron intentar proceso alguno, dejando en olvido este hecho escandaloso.

VIII

En 1809 se comenzó la edificación del templo que se encuentra en Ilama, por el arquitecto guatemalteco don Antonio Barahona, quien se comprometió á hacer toda la obra de cal y canto y á darla concluida dentro de treinta años, por la insignificante suma de $1.200, dándole el pueblo únicamente los materiales y operarios para el trabajo. Destruido este templo por los temblores de 1874, y á iniciativa del Sr. Cura don Victoriano Castellanos, y de don Leandro

Rosa y don J. M. Tobías Rosa, se comenzó á reedificar en 1896, y se concluyó por completo en 1900. En este templo se venera la Imagen de Nuestra Señora de Lourdes, que goza de una romería más numerosa que la que tiene la Imagen de Esquipulas, en Guatemala. Los gastos en la reedificación de esta iglesia ascendieron á $13.739.37.

CUARTA PARTE

1. Límites del departamento. 2. Ríos. 3. Montañas. 4. Cerros y valles. 5. Calidad de sus terrenos. 6. Plantas y animales. 7. Temblores. 8. Aguas sulfurosas. 9. Lago de Yojoa.

I

En 1893, siendo Presidente de la República el General don Domingo Vásquez, se inauguró el departamento de Cortés, el cual se formó con varios pueblos que antes correspondían al departamento de Santa Bárbara. Los límites del actual departamento de Santa Bárbara son: al N. y al E., el departamento de Cortés; al S., los departamentos de Gracias, Copán é Intibucá; y al O., la República de Guatemala, por la ribera derecha del Motagua.

II

Los ríos más notables en este departamento son el Ulúa y el Chamelecón. Corren de sur á norte y desembocan en el Golfo de Honduras. El Ulúa tiene su nacimiento en el distrito de Otoro, departamento de Intibucá; y el Chamelecón nace en la montaña de Piedras Negras, jurisdicción de La Florida, en el departamento de Copan, y riega con sus aguas las inmensas planicies conocidas con el nombre de Valles de Quimistán. El Ulúa, al penetrar en el departamento de Santa Barbara, tiene como afluentes importantes el Jaitique, el Zacapa, que brota á media legua al NE. del pueblo del mismo nombre; el Gualcarque, que tiene su nacimiento en las montañas de Intibucá; el Palaja, originario de las montañas de Gracias; el Jicatuyo, que se forma en las montañas de Gracias y Copán; el río de Santa Bárbara, que con el que pasa á una legua del pueblo de Ilama, tienen el nombre de Cececapa. Los demás afluentes del Ulúa se encuentran en el departamento de Cortés: El río Zacapa se considera como un desagüe del lago de Yojoa, de donde sale por subterráneo, hasta que brota á la superficie de la tierra, como á doce ó trece millas del lago referido. El Ulúa es navegable desde su desembocadura hasta el pueblecito de Santiago, por embarcaciones de cinco pies de calado; y desde este último pueblo hasta Chinda, por embarcaciones de dos pies de calado. El río Cuyamel, que nace en la parte norte de la montaña de Grita, en la jurisdicción de Quimistán, es notable por la gran cantidad de pescado que tiene en sus aguas. Se dirige á la costa y desagua en el mar, al SO. del puerto de Omoa.

III

Las montañas más importantes son: la de Grita, que atraviesa el departamento de sur á norte, en la parte occidental, formando una línea paralela con el Motagua; y otro ramal de la misma cordillera, que tiene su extremo sur en el pueblo de Naranjito, y recibe diferentes nombres en los pueblos por donde se extiende hacia al norte. Así, por ejemplo, en el pueblo de San Luis, se llama Palma Real; en Trinidad, Tascalapa y Pitontes; en Chinda, Maspa; y en Concepción, Arranca Pelo y El Cerrón, Otra gran cordillera se encuentra al oriente del departamento, hasta Talpetate. También esta montaña recibe distintos nombres, así: en Santa Bárbara se llama Los Bancos y Los Robles; en Zacapa, El Águila; en Ilama, El Pinal, Limón y La Mica; y en Chinda, San Andrés y Piedra Grande.

IV

Los cerros más elevados que tiene el departamento son: el Cerrón, en el pueblo del mismo nombre; los cerros de Santa Lucía, en Ilama, que se asemejan á pequeños volcanes; el Guatemalilla, en Santa Bárbara; el Pencaligüe en Atima; el cerro de Las Campanas, en Pueblo Viejo, jurisdicción de San Francisco de Ojuera. En el referido cerro se encuentran grandes oquedades, en las cuales, si se arroja una piedra, se oyen sonidos parecidos á los que produjeran muchas campanas que se tocaran simultáneamente.

Los valles más notables son: los de Quimistán y los de Tencoa y Tacualapa, en la jurisdicción de Santa Bárbara.

V

La calidad de los terrenos es inmejorable. En las montañas la tierra es tan feraz, que muchas veces la excesiva fertilidad ocasiona la ruina de las milpas ó sembrados que allá se plantan. En las partes bajas la tierra es también fecunda, distinguiéndose principalmente las vegas que se encuentran en las márgenes del Ulúa y del Chamelecón. En Santa Bárbara, Gualala y Ceguaca, abunda la piedra de cantería. En Ilama se encuentra con profusión piedra de cal, yeso y una especie de mármol ordinario que puede tallarse perfectamente.

En este mismo pueblo se descubrió hace poco tiempo, en un cerro que se encuentra al NO., un gran depósito de arena. Esta arena forma un banco como de diez metros de altura, y es un excelente material para trabajos de albañilería.

VI

Las plantas principales que se encuentran y que se cultivan en este departamento, son las siguientes: pimienta, café, cacao, caña de azúcar, almendro, limón, naranjo, lima, piñas, dátiles, bananos, nísperos, palma, zapotes, hule, granadillas, jengibre, ipecacuana, ruibarbo, etcétera. En las montañas se encuentran cedro, caoba, liquidámbar, granadillo, ciruelillo, cedro-espino, etcétera.

La pimienta es peculiar de este departamento, pues aunque hay árboles que dan este fruto en la montaña de El Cerrón y en la de Villanueva, la clase no es superior á la que se produce en el pueblo de Ilama. Abundan en las montañas: tigres, leopardos, leones, tepezcuintles, tatos ó armados, tapires ó dantos, sinsontes, pitorreales, guacamayos y quetzales.

VII

El 9 de octubre de 1873 se empezaron á sentir fuertes y frecuentes temblores, que continuaron sin interrupción hasta el 15 de octubre de 1874. Fueron esos temblores tan grandes, que destruyeron los principales edificios del departamento. Muchas iglesias, entre ellas la de Ilama, se arruinaron por completo.

VIII

Al sur del pueblo de Ilama, según dijimos más antes, se encuentra el cerro denominado Santa Lucía. Dicho cerro tiene el aspecto de un volcán en formación. En su base brota una fuente sulfurosa, cuyas aguas son muy recomendadas por los médicos. En el lugar en donde brota esta fuente, el agua está en completa ebullición, o tiene una temperatura igual á 100°. También hay fuentes sulfurosas en Azacualpa, jurisdicción de Zacapa; en Agua Caliente, en la misma jurisdicción, y en el pueblo de San Francisco de Ojuera. En la Azacualpa la fuente brota de una gruta tallada en la roca, en la cual hay un banco de piedra en donde se sientan los que van a tomar en aquel lugar los baños termales.

En el cerro de Santa Lucía hay además un gran número de pozos secos, y multitud de grutas que interiormente están adornadas por hermosas columnas de estalactitas y estalagmitas. Las aguas que nacen de este cerro arrastran sustancias calcáreas en tan gran cantidad, que un objeto que se sumerja en ellas, se encuentra en pocos días cubierto con una capa caliza, fuerte y resistente.

IX

Al oriente del departamento de Santa Bárbara se encuentra el precioso y pintoresco lago de Yojoa, que tiene 36 millas de longitud por 21 de latitud. De este lago nacen todos los tributarios del Ulúa que vienen de oriente á occidente. En El Pescadero se nota que el agua se resume en una concavidad que hay allí, y de donde se forma ó nace el río Zacapa. Refiérese de este río la siguiente peculiaridad: antiguamente no era más que un simple manantial; y después, con el transcurso de los años, ha ido tomando incremento, hasta convertirse en un río caudaloso, tal vez igual al Chamelecón.

QUINTA PARTE

1. Vientos dominantes. 2. Temperatura. 3. Fecha en que entran las lluvias. 4. Avenidas de los ríos. 5. Enfermedades reinantes. 6. Agricultura. 7. Industria. 8. Comercio.

I

Los vientos dominantes en este departamento son los del norte y los del sur. En los meses de julio y agosto esos vientos, principalmente los del norte, soplan con tanta furia, que se convierten en verdaderos huracanes, devastando los sembrados y aun los edificios más fuertes.

II

Respecto á la temperatura de los pueblos de Santa Bárbara, es variable, según la situación topográfica de cada uno de ellos. Así, por ejemplo, en la ciudad de Santa Bárbara, la temperatura es de 27° á 28°c.; en Ceguaca, Agua Blanca, San Luis, Atima y Naranjito, no pasa de 24° á 25°c.; en Ilama, Gualala Chinda y Trinidad, de 30° á 32°c.
El pueblo más cálido del departamento es Ilama, pues ha habido épocas en que el termómetro marcó de 40° á 48°c.

III

Las lluvias principales en los meses de mayo y junio, alcanzan su mayor fuerza en los de agosto y septiembre, y van disminuyendo en intensidad, hasta los meses de diciembre y febrero.

IV

En julio y agosto tienen lugar las grandes avenidas del Ulúa. Las aguas de este río inundan por completo las vegas que están en sus orillas, causando muchos estragos no sólo en las plantas allí cultivadas, sino también en los ganados que se encuentran en los potreros ó repastos contiguos al río.

En varios puntos el río sale de madre y se extiende como á 40 yardas de su antiguo cauce. Esto sucede cuando las vegas son planas y la altura de éstas sobre el nivel del río es insignificante. En Pueblo Viejo y Taucinca, jurisdicción de San Francisco de Ojuera, caen anualmente lluvias de pescado.

V

Las calenturas, la disentería, el sarampión y el colerín, son las enfermedades más comunes que se desarrollan en estos pueblos. La entrada del invierno, la suciedad de las poblaciones, la poca higiene en los habitantes, son las causas poderosas que favorecen el desarrollo de esas enfermedades. En la clase indígena hace estragos la disentería, lo mismo que el colerín.

VI

La mayor parte de estos pueblos se dedican á la agricultura y cría de ganado. En el círculo de Quimistán hay haciendas de quinientas á mil reses. En todos los pueblos de Santa Bárbara se desarrolló, hace como cuatro ó cinco años, un verdadero entusiasmo por la siembra del café. En la jurisdicción de Colinas hay más de 12 millones de cafetos; en Ilama, como ocho millones; y en Trinidad, Chinda y Concepción, el número de cafetos sembrados es enorme. Se exportan de estos pueblos más de 50.000 quintales de café anualmente. El cacao se cultiva en Santa Bárbara é Ilama. La caña de azúcar, en Ceguaca, Agua Blanca (Concepción del Sur), San Nicolás, Colinas, Santa Bárbara y Trinidad. En Santa Bárbara, San Nicolás y Colinas, hay fábricas para elaborar aguardiente. En Naranjito y Atima se cultiva en gran escala el tabaco.

VII

La industria principal de la ciudad de Santa Bárbara consiste en la elaboración de sombreros de junco, casi iguales á los trabajados en Guayaquil. Esta industria ha producido algunas veces $100.000 anuales. El Coronel Marcos García fué el que fomentó esa industria en Santa Bárbara. En Ilama, Chinda, Gualala, Macholoa, Tuliapa y San Francisco de Ojuera, se elaboran esteras de tule y se fabrican muy buenos sombreros de palma. En Ilama se cultiva en grande escala el mezcal, con cuya fibra se hacen hamacas, redes, etcétera.

VIII

Ilama es el centro del comercio del departamento en la actualidad, por sus sombreros de palma, que son los únicos que tienen valor después de la baja del precio de los de junco. Se exporta de este departamento: para las Repúblicas de Guatemala y El Salvador, gran cantidad de ganado; para Nicaragua, la pimienta que se cosecha en Ilama; para Belice, ganado vacuno, caballar y mular;

para los EE. UU. y Europa, café, zarzaparrilla, pieles de res y de venado, maderas de cedro, caoba, brasil, mora, etcétera, y los sombreros, que se expenden dentro y fuera de la República. Por esos artículos de la industria y de la riqueza natural, llegan á este departamento: de Guatemala y El Salvador, tejidos de lana y de algodón; de Europa y EE. UU., mercaderías de todas clases. Las principales plazas de comercio son Trinidad, Santa Bárbara, Ilama y Colinas.

LA MINA DE MALA NOVA
(TRADICIÓN para el "Diario de Honduras")

Dicen las tradiciones de los pueblos que forman el círculo de Quimistán, en este departamento, que allá por los años de 1640 ó 1650, existía, cerca del pueblo de San Marcos, una riquísima mina, conocida con el nombre de "Buena Nueva", y que era célebre en aquellos tiempos por la gran cantidad de oro que producía.

La referida mina era propiedad de un magnate español, quien empleaba en el laboreo de ella más de ochocientos hombres, siendo la mayor parte de éstos, negros importados del África. El propietario aludido tenía su residencia en Madrid, y allá se le remitían, por su representante, todos los productos elaborados de la mina.

Según la tradición, estos productos eran llevados por un camino que aun atraviesa la montaña de Joconal y va á terminar en "Las Quebradas", pueblo de Guatemala. De este punto probablemente, y aprovechando el curso del río Motagua, que corre á poca distancia, embarcaban los productos de la mina en canoas, hasta la desembocadura de este río, en donde se encontraban los buques que los conducirían a tierras españolas.

Después de muchos años de trabajo, tropezaron los mineros con una veta tan rica, que, según dice la tradición, cortaban el oro, perfectamente puro, en grandes pedazos. Al saber el propietario la buena nueva de que su mina producía oro puro, determinó abandonar la tierra hispana y hacerse á la vela con rumbo á esta tierra de los pinares, sin duda con el objeto de cuidar con más esmero de sus trabajos. A los pocos meses de anunciar á su representante su salida, llegó al caserío de Buena Nueva, juntamente con su esposa é hijos.

Halló á sus operarios afanados en colocar en la entrada ó boca de la mina una maciza puerta de hierro, para evitar así que los discípulos de Caco se introdujeran al interior y sacaran barras del oro que producía la prodigiosa veta que se había encontrado. Al día siguiente de su arribo accedió el propietario á los deseos que tenía su representante de que inspeccionara el interior de la mina, para que se convenciera de tanta riqueza; y juntamente con todos los operarios y demás personas del caserío, exceptuando a un negro que se quedó custodiando la entrada, bajaron á admirar aquella riqueza fabulosa.

Dícese que después de cuatro horas que emplearon en visitar aquellos profundos subterráneos, y lleno de contento el Creso español, determinó salir de aquel recinto; y alborozado de tanto esplendor y cegado por el orgullo exclamó:

—Ahora, hasta Dios y sus ángeles serán esclavos míos!

Al terminar de hablar, se oyó un horroroso estruendo, y todos los que habían entrado al interior de la mina, quedaron sepultados entre los escombros que ésta produjo al hundirse. El negro que custodiaba la puerta se salvó milagrosamente, y azorado por aquella gran catástrofe, corrió como un enajenado al cercano pueblo de Quimistán, gritando con todas sus fuerzas:

—¡Mala nova! ¡Mala nova!

Después que el negro contó á los vecinos de Quimistán los horrorosos pormenores de la terrible catástrofe de la cual había sido testigo, desapareció, para no volver jamás, ignorándose si se internó en la montaña de Joconal, en donde fué pasto de los tigres, ó si abandonó la República y entró en tierras guatemaltecas.

El incendio de unos desmontes que habían hecho los trabajadores de la mina, redujo á cenizas el caserío, y hoy no se tiene conocimiento del lugar en que existió el pueblecito de "Buena Nueva" ni la célebre mina. Debido á los gritos del negro que refirió el desastre ocurrido en la mina, dícese hoy por los crédulos y sencillos habitantes de aquellos valles, que cuando va á suceder alguna desgracia, salen del cerro, que según ellos fué en donde estaba la mina, retumbos tan fuertes, que se asemejan á las descargas de centenares de cañones.

También se asegura que muchos extranjeros han agotado todos los medios de que han podido disponer á fin de hallar la puerta de la referida mina; pero todo ha sido inútil. Sin embargo, en estos últimos días ha circulado la noticia de que en el cauce de un riachuelo que pasa por la base del cerro de Mala Nova, se han hallado, ya muy deteriorados por la acción del tiempo y de la humedad, multitud de barras, picos, cinceles, azadas, etcétera, que han sido indudablemente arrastrados por las grandes avenidas de aquel manantial.

Sería de desearse que hubiera algunas personas que, con paciencia y asiduidad, se esforzaran por averiguar el verdadero punto en donde existió ese mineral; y desde hoy les profetizamos que, en un abrir y cerrar de ojos, tendrían más oro que Rotschild y Vanderbilt, si llegaran á descubrir la antigua y célebre mina de Mala Nova.

EL ESPECTRO DE JOLOLO
TRADICIÓN
(A don J. M. Valladares)

Cuando yo era niño, recuerdo que cada vez que cometía alguna travesura ó no quería estudiar mis lecciones, me amedrentaban diciéndome que Dios me castigaría oyendo á media noche los espantosos gritos que lanzaba el Espectro de Jololo.

Tanto oía decir á las viejecitas sobre el particular, que llegué á imaginarme que aquel fantasma sería algún monstruo alado, algún genio horrible y maléfico, análogo á los que se describen en "Las Mil y Una Noches". Me impresionó de tal manera el asunto, que una vez supliqué á mi abuelita me dijera cómo era el tan temido espectro; y he aquí lo que la buena viejecita me refirió en aquellos tiempos felices de mi niñez:

Allá por el año de 1700 existía en las márgenes del caudaloso Ulúa, y en el lugar denominado hoy Tencoa y Tacualapa, jurisdicción de Santa Bárbara, una antigua y floreciente población denominada Tencoa, que en aquel entonces era la capital de todos los pueblos que forman hoy el actual departamento de Santa Bárbara. Allí residían las principales autoridades, y el comercio y la riqueza se habían dado cita para engrandecer aquella hermosa población, que se adormecía con los cadenciosos susurros de los sauces y palmeras que la rodeaban, y con el acompasado murmullo de las aguas del Ulúa, que besaba sus plantas.

Se cree, por los escombros y ruinas que se encuentran, que Tencoa, en aquellos tiempos de esplendor, era una ciudad tan grande y populosa, como lo es hoy la capital de la República de Guatemala. Se nota que la ciudad contaba con más de siete iglesias, con muchos edificios públicos y multitud de anchas y rectas calles, que, dado lo plano del terreno, deben de haber presentado á la vista un aspecto hermoso y agradable. Sin embargo, la altura de la ciudad sobre el nivel de las aguas del Ulúa era insignificante; y en uno de esos inviernos copiosísimos, las impetuosas corrientes del río inundaron la población, destruyéndola por completo y pereciendo entonces la mayor parte de sus habitantes.

Pues bien, cuando Tencoa se encontraba en su apogeo, fué nombrado Vicario de la Villa, como se le llamaba entonces, un sacerdote de origen español, quien trató de organizar debidamente el servicio de las parroquias que estaban bajo su dominio. Los curas que pertenecían á la Vicaría de Tencoa se decidieron acatar todas las órdenes expedidas por el M. I. Señor Vicario, con excepción de un sacerdote catalán, que era párroco de Celilac. El tal cura éste, quisquilloso, huraño y un tanto arisco, despreciaba todas las disposiciones emanadas de su superior; y llegó un día en que, olvidando la mansedumbre que debe caracterizar á los discípulos del Señor, se burló sangrientamente del Vicario, teniendo el cinismo de enviarle un oficio lleno de insultos soeces y propios de un hombre ruin y vulgar.

El Vicario, reprimiendo la cólera que rugía en su pecho al verse tratado de modo tan irreverente, ordenó al cura rebelde que se presentara inmediatamente ante sus oficios, indicándole que si no cumplía este mandato, lanzaría sobre él la tan temida excomunión. Rióse el endiablado sacerdote de esta orden; y por toda contestación escribió al Vicario diciéndole que si tenía el suficiente valor y era caballero, lo esperaba ese día, á las doce de la noche, en el paso del río denominado Jololo, en donde le demostraría que á él no se le intimidaba con amenazas y excomuniones. Por ese tiempo se había desatado un terrible temporal, y el Ulúa estaba transformado en un mar borrascoso. Las corrientes, con un ruido espantoso, arrastraban furiosas multitud de árboles seculares que habían sido arrancados de las riberas, despojos de cercas y aun algunos animales que, sorprendidos por las aguas, no pudieron ponerse a salvo.

Tal era el estado en que se hallaba el río cuando llegó a la orilla opuesta, caballero en una negra y maliciosa mula, el furibundo cura de Celilac. Ya hacía rato que lo aguardaba en la otra orilla el M. I. Señor Vicario, quien, ahogado por el coraje, esperaba que aquel miserable subalterno se embarcara en la canoa que estaba en la orilla opuesta y llegara á donde él se encontraba, para estrangularlo entre sus manos. Después de dirigirse mutuamente los más terribles insultos, que los bramidos del río ahogaban con sus potentes voces, se lanzó con la canoa, en dirección á donde se hallaba el Vicario, el intrépido cura de Celilac.

Pronto se vió que la navecilla trataba de luchar con las encrespadas olas del río, pues los bogas eran diestros y fuertes; mas luego un corpulento árbol que arrastraba la corriente, choco de tal manera contra el débil barco, que éste se deshizo en mil astillas, hundiéndose para siempre en las turbias y revueltas aguas del Ulúa aquellos atrevidos navegantes. Desde entonces dicen que vaga por aquellos alrededores el alma del cura maldito, lanzando agudos lamentos, que se oyen a muchas leguas á la redonda.

Varios labradores que vivían hace pocos años en los valles de la extinguida ciudad de Tencoa, afirman que en esas noches de invierno, cuando el Ulúa, que en aquel lugar se llama Jololo, se encuentra muy crecido, y cuando está próxima la media noche, hora en que ocurrió la muerte del cura de Celilac, un fantasma, muy parecido á un sacerdote por el traje, se encamina con pasos rápidos por la ribera derecha del río, lanzando horribles y penetrantes gritos, cuyos ecos repercuten en los cerros y colinas cercanas.

Entonces los labradores hacen la señal de la cruz y se encomiendan a Dios y á los santos, pues esa sombra que pasa es el ESPECTRO DE JOLOLO.

RELATOS

FALSEDAD

(A mi querido amigo Licenciado Enrique Martínez Sobral)

> Ah...la mujer es un ser lleno de misterios; la mujer contiene reunidas las voluptuosas gracias con que el paganismo adornó a sus diosas; las gracias puras, las sublimes gracias con que la religión cristiana nos pinta sus vírgenes; pero la mujer encierra también un veneno mortífero con que asesina al hombre que la adora.
>
> *MANUEL IBO ALFARO.*

María y Antonio se amaban tiernamente, con ese amor puro, ardiente, con que se aman dos jóvenes cuando se encuentran en la bella primavera de la vida. Parecían, en sus interminables coloquios de amor, dos tímidos y enamorados pajarillos que se arrullaran entre verde follaje de las selvas, ó en el silencio majestuoso de los bosques.

"Dos jóvenes que se aman —ha dicho un notable novelista—, son dos tórtolas que se buscan entre los lirios de un valle; son dos flores que abren sus corolas bajo los rayos de un mismo sol; son dos ángeles que, al batir juntos sus alas, identifican sus corazones en la nítida mansión de Dios".

¡Cuántas veces, oculto tras los árboles, pude presenciar los castos y ardientes besos que mi amigo daba á su amada! ¡Cuántas veces, escondido en los verdes emparrados de las madreselvas y jazmines, escuché los repetidos juramentos de amor que pronunciaba el uno al lado del otro, con los brazos enlazados y reclinados en los bellos bancos del jardín!

¡Yo juzgaba feliz á Antonio! Creía que sería dichoso porque era correspondido por aquella criatura divina; porque creía que los juramentos de aquella mujer angelical serían verdaderos y eternos! No pensaba que el corazón de la mujer es demasiado falaz y voluble, y que tras un amor que demuestra verdadero, se esconden la falsía y la mentira..

Un escritor ha dicho en una de sus obras lo siguiente:

"Frecuenta la sociedad enhorabuena, bromas mil sostén con la mujer; pero nunca la ames, no abras tu corazón para prestarle un amor sincero.

No hagas de tu alma un altar donde coloques ese ídolo: mira que es el ídolo de Moloc, que, pérfido, sonreirá hasta que tiendas tu vida por alfombra á sus pies; y cuando todo esto hayas hecho, y cuando á costa de tu propia existencia la hayas levantado sobre ti. Y cuando tú te rindas y dobles la rodilla, é inclines la frente para adorar aquella diosa que has hecho diosa á costa de tu vida, de tu corazón, de tu alma y de tu amor, aquella diosa volverá los ojos para acariciar á otro hombre, y se reirá burlona de tu culto... Y rasgará el altar que le labraste... Y tu corazón, tu vida y tu amor, y te escupirá á la frente que inclinas para adorarla…".

¿Le sucedería así á mi amigo?...

***

¡Yo juzgaba feliz á Antonio! Le envidiaba cuando, en el arrebato de su pasión, posaba sus ardientes labios en los de aquella hechicera criatura. ¡Le envidiaba porque estrechaba entre sus brazos el talle esbelto de María, la virgen de labios rojos y frescos como la flor del terebinto, pudorosa cual las vírgenes de Sión!

***

¡Dichoso Antonio! Dos días faltaban para que su suerte se uniera á la de su amada.

—¿Me amas? —le decía en la víspera de su enlace.

—Te adoro —le contestaba su prometida.

Después seguía la escena de siempre: besos, juramentos, abrazos... ¡Oh placer!

***

¡El día del enlace llegó al fin. Dichoso Antonio! Se llegaba el instante feliz en que aquellas almas se confundirían en una sola por los sagrados lazos del matrimonio.

* * *

La casa de la novia está espléndidamente adornada. En las puertas y ventanas hay cortinas blancas festoneadas de azul, y colgando de ellas se ven innumerables guirnaldas de azahares y jazmines, símbolos santos de la virginidad y de la pureza… El interior de la casa está magnífico. Alla, en el centro de la sala, reclinada en un sofá azul, se encuentra la novia, con su vestido vaporoso de seda blanca, su velo de desposada y su guirnalda de azahares y jazmines en las sienes.

* * *

—¿Y Antonio? ¿Y el novio? —exclamaban los convidados à la boda—. ¿Dónde estará?

La hora ha llegado y Antonio no se presenta... ¿Dónde está?

* * *

La patria había sido repentinamente invadida por tropas considerables del enemigo; y á Antonio, como capitán, y sin darle tiempo para que se despidiera de su familia y de su novia, se le había ordenado que marchara, el día en que debía efectuarse su enlace, á atacar al enemigo. Esto supo María cuando, ya indignada por lo que ella creía había sido una burla sangrienta, recibió una carta de Antonio, escrita en un pueblo lejano, en la que le juraba que jamás la olvidaría, y que si salía ileso del combate, volaría á su lado para que efectuaran su proyectado enlace.

* * *

Los periódicos elogiaban el heroico arrojo de Antonio. Decíase que con lo faz serena, en medio del continuo rugir de los cañones; del estruendo atronador de la fusilería y de la lluvia mortífera de las balas, avanzaba impávido, sin temer á la muerte, dirigiendo á los valientes que se le habían confiado. Después no se supo nada de él. Los soldados no dieron razón de su jefe.

Se reconocieron los cadáveres, y entre ellos no se encontró el de mi amigo. Entonces se creyó que el cuerpo de Antonio había servido de pasto a las aves de rapiña. ¡Su nombre fué olvidado por todos, principalmente por María, la virgen de labios rojos y frescos como la flor del terebinto, pudorosa cual las vírgenes de Sión!

***

¡Poco tiempo después supe que María se unía con otro hombre, á quien, como á Antonio, le había jurado un amor eterno! ¡Oh juramentos v promesas de mujer! Hacía próximamente como seis meses que María se había casado, cuando llegó á las puertas de su casa un mendigo, cubierto de recientes heridas, a pedir una limosna.

¡Era Antonio, el pobre soldado, que volvía del combate, enfermo de las heridas que, en su arrojo temerario, le infirieran sus enemigos!

***

La patria se había salvado, pero él había perdido el amor de la única mujer que había impresionado su virgen corazón. Antonio habló á María de su amor, le pidió cuenta de sus actos, le recordó su proyectado enlace con él, y María le dijo que no le conocía, é indignada ordenó que lanzaran al pobre Antonio de su presencia...

¡Antonio fué desconocido por María, la virgen de labios rojos y frescos como la flor del teberinto, pudorosa cual las vírgenes de Sión! ¡Oh mujer falaz!

***

¡Pocos meses después supe que Antonio había muerto, debido á las heridas que recibiera en el combate. Su patria se había salvado de la invasión del enemigo; pero Antonio, el soldado que había vencido á los invasores, murió porque perdió su sangre en el combate, y perdió también el amor de María, la virgen de labios rojos y frescos como la flor del terebinto, pudorosa cual las vírgenes de Sión!

("El Pueblo Libre" de San Salvador).

LE JOUR DE GLOIRE EST ARRIVÉ![1]

IMITACIÓN

(A mi amigo don Froilán Turcios).

Suponed que estamos en los primeros años del siglo XX. ¡Ya viene el tren!

¡Oíd! Los ecos de sus estridentes silbidos repercuten en nuestras vírgenes montañas, despertando á los pueblos del letargo en que se hallaban postrados, para que entren á la vida del progreso y de la civilización!

Allá, en lontananza, se divisa la columna de humo que á torrentes se escapa de la chimenea… ¡Y el ferrocarril, en vertiginosa carrera, rueda con gran estrépito sobre su camino de hierro! La tierra se conmueve á su paso; las fieras huyen asustadas á los bosques, al ver pasar, en raudo torbellino, al monstruo que representa el progreso del siglo XIX.

Los pueblos se enriquecen al paso de la locomotora, las distancias se acortan, los bosques de Honduras se convierten en hermosas plantaciones de cafetos, la inmigración crece, las guerras fratricidas sólo se recuerdan por la historia, los politiqueros desaparecen, la juventud se ilustra y el progreso y la civilización tienden sus protectoras alas sobre este jirón de tierra que tanto amamos, patria del valiente é indómito Lempira.

***

¡Ya grita y corre el tren! Viene en alas del huracán, incitando con sus formidables gritos á todos los centroamericanos, para que se reorganice nuestra antigua patria, para que pronto se verifique "la comunión de los cinco Estados de Centro América libre!

***

---

[1] Nota del Editor: ¡El día de gloria ha llegado!

¡Ya me parece que veo venir en alas de la tempestad al monstruo de las entrañas de fuego! Y avanzo, y no quiero pensar en los días de ansiedad que habrán de transcurrir para ver realizado el pensamiento gigante de los buenos patriotas. Yo soy un ser que sueña, que siente y que delira: por eso me forjo en la fantasía la poética ilusión de contemplar, corriendo sobre los rieles, la locomotora audaz, con su cortejo de carros, con sus gritos estridentes, con sus negros penachos de humo y sus blancas columnas de vapor!

***

¡Por feraces montañas, de vegetación exuberante, pasa el ferrocarril! Trae sobre sus alas de fuego las calientes arenas del Atlántico; trae confundidas con sus vapores las brisas de la playa; trae mil preciosas piedras del mar turbulento; y se acerca jadeando al Pacífico, y deposita en sus riberas los presentes del otro mar, en señal de amor y de estrechísima unión!

Los océanos se han besado con besos monstruosos, ciclópeos, en alas del vapor.

¡Grandiosa unión de los mares!

Le jour de gloire est arrivé!

***

"!Vosotros, los que uniréis, por él vapor, los mares; vosotros, lo que uniréis á Centro América, sos dignos de que os admire, porque tenéis un rayo de luz en la frente, y en el espíritu las grandes inspiraciones del patriotismo! Para vosotros, el ¡aleluya! de la Patria".

Pronto en esta tierra, en donde el oro es arrastrado por las claras y bulliciosas corrientes de los ríos, en donde la fertilidad de la tierra es asombrosa, se oirá, en vez del rugir de los cañones que anuncia el exterminio y el retroceso, el grito de la locomotora que, partiendo de Puerto Cortés, y llevando en su séquito de carros las producciones de la costa norte, irá á terminar su rápida carrera á un puerto del golfo de Fonseca. La antorcha del progreso, con sus vividos fulgores, iluminará entonces esta nuestra querida patria; y los grandes unionistas, levatándose de sus tumbas, se cerciorarán de que no está lejano el día en que las Repúblicas de Centro América formen una sola Nación, en la que rijan las mismas leyes, los mismos principios, y en la cual tremole, altiva y hermosa, la antigua bandera cuyos pliegues envolvieron en su caída al Bonaparte hondureño que en vida se llamó FRANCISCO MORAZÁN.

("La Verdad" de Santa Bárbara, 1897).

PÁGINA TRISTE

A...

Como supongo que tú me habrás relegado al olvido, como olvidaste ya todo lo que en aquel dichoso tiempo me prometiste, arranco hoy una página de la triste historia de mi vida, en la cual tú has sido la única protagonista, y te la dedico para echarte en cara tu perfidia, tu crueldad y tu hipocresía. ¡Ingrata! El altar que en mi afán te había erigido para adorarte, lo deshiciste con cínico desdén, arrojándote, satisfecha de tu infame obra, en brazos de otro hombre que jamás podrá ser el dueño de tu amor.

I

¿Recuerdas? Corrían los primeros meses del año de... Tú apenas contabas diez y seis primaveras; los suaves reflejos de la aurora brillaban en tu rostro; la pureza de los ángeles se reflejaba en todo tu ser, y tu hermosura sin igual atraía á todos los que, por desgracia, te veían...

Y yo, niño aún, caí también envuelto en las maléficas redes de tu hermosura. Y yo también pagué el tributo al amor, adorándote desde que te vi, sin tener esperanza de ser correspondido, pues tú pertenecías á la alta clase de la sociedad; por cuya razón, tu familia, orgullosa por su rango social, no permitiría que me acercara á tu casa por ningún pretexto.

Y así pasé muchos días, devorado por el incendio de la pasión; así pasé días interminables, noches larguísimas, pobladas de horribles insomnios; y en esos días dolorosos, y en esas noches de aterradora amargura, tu imagen venía á desvanecer todos los negros pensamientos que forjaba mi fantasía, al contemplar frente a frente la difícil y triste situación en que me hallaba.

¡Oh!... ¿Para qué negarlo? Te amaba como ninguno ha amado en la vida; y este amor crecía al no poder revelártelo, al suponer que tal vez al declararte mi pasión te burlarías de ella. Mas al fin confié al papel lo que mi corazón sentía... ¡Qué carta aquélla!

¡Era el grito de una alma herida por acerado dardo! Era la condensación de todas las afecciones, de todos los deseos, de todo el amor que me devoraba. Una vez escrita esta carta, ¿cómo haría para que llegara á tus manos? Este problema me preocupó por varios días, hasta que una amiga íntima, á quien confié el secreto de mi amor, y que era tu condiscípula predilecta, compadecida sin duda de mi estado, me ofreció entregarte mi carta, la cual deposité en su poder, suplicándole que te exigiera la contestación.

Y pasaron días de cruel incertidumbre para mí al no recibir la anhelada contestación: pensé, como te lo confieso nuevamente, quitarme la existencia, pues creía que tu silencio era la contestación que, indiferente y cruel, me dabas; porque creía que abreviando mis días, me libraría de los tormentos que tu pérdida me causaría.

¡Oh, mujer falaz! Confiesa que nunca me amaste; confiesa que me engañaste desde que te declaré mi pasión; di, sin ruborizarte, fementida… ¡Que jugabas con mi amor!

II

Tal vez no recuerdas lo que me contestaste con tu amiga y condiscípula; tal vez no recuerdas aquellas frases que me dieron entonces la vida, aquellas frases por ti escritas, en las que aceptabas mi amor y por las cuales vislumbraba un risueño porvenir.

¿Para qué, si ya todo lo olvidaste, voy á recordarte ahora aquellos días de plácida ventura que ya nunca volverán? En el pueblo en que vivíamos se supo que yo te amaba. Tu familia se opuso á este santo y puro amor; mas tú le manifestaste que tu resolución era inquebrantable y que me adorarías mientras vivieras.

Entonces te amenazaron con llevarte á tu país natal; y tú, afligida, me escribiste dándome á conocer esta terrible disposición de tu familia, y me suplicabas que huyéramos para evitar el peligro.

Te indiqué que tu determinación no era prudente; que prefería perderte á ver mancillado tu nombre, y te decía, al mismo tiempo, que acataras la voluntad de tu familia. Mas antes que emprendieras tu viaje, pensé que si me quedaba en el lugar en que había logrado tu amor, la desesperación me atormentaría horriblemente, y entonces tomé la firme resolución de abandonar mi patria é ir á verter mis lágrimas en lejanos lares, evocando tu divina imagen.

Un día te participé que me marchaba; y abrazados los dos tiernamente, nos dijimos adiós... Te dije que si me dirigía á países extranjeros era con el único fin de alcanzar un título literario para hacerme acreedor á tu mano; y tú, llorando, me juraste que serías fiel á lo que me habías prometido, y que me amarías cada día más

¿Para qué recordarte todos los juramentos que hiciste en aquel triste momento de nuestra separación? ¿Podrás decirme si has sido fiel á lo que entonces me ofreciste? ¿No se teñirá tu rostro de vergüenza al confesar que has jurado en vano?

III

En mi larga peregrinación visité pueblos y ciudades para mí desconocidos, y llegué, después de un dilatado y penoso viaje, a la antigua y noble Metrópoli de Centro América, en donde fijé mi residencia, y lleno de fe y entusiasmo, me entregué á mis estudios.

Conocí allá mil divinas jóvenes que fascinaban con su hermosura á los que las veían por primera vez; mas ninguna de ellas logró conmover mi corazón, el cual conservaba avaro tu querida imagen. Pasó mucho tiempo. Por fin alcancé el premio de mis afanes, obteniendo un título literario; mas hacía tiempo que estaba triste, pues no había recibido carta tuya.

El día que se verificó mi examen público, y al salir del establecimiento en donde se me había conferido el título, un empleado del Correo me entregó una carta, la cual venía del exterior, la que no pude ver por acompañarme algunos amigos que iban a dejarme á mi casa, y a quienes yo había invitado para obsequiarles en mi habitación por mi recibimiento.

Después que aquellos compañeros se retiraron, y al quedar solo, me acordé de la carta que me habían entregado á la puerta del establecimiento: la abrí y vi… ¡Santo Dios! Que tú y un hombre para mí desconocido se me ofrecían en su nuevo estado. Perdí el conocimiento ante tan infausta nueva, y sabe Dios cuánto tiempo permanecí en aquel estado.

Cuando volví en mí, era de noche; toda la ciudad estaba en silencio, y ráfagas de aire frío entraban en mi cuarto, que semejaba un antro tenebroso. Di varios pasos vacilantes, y tropecé con la mesa de mi cuarto, y al apoyar mi derecha en ella, para no caerme, toqué un objeto frío que me hizo estremecer: era mi revólver. Lo tomé, y resuelto á poner fin á mis días, para librarme de tan rudos sufrimientos, apoyé el cañón de la fatídica arma en mi sien...

Mas de pronto mi ser se estremeció, pues apareció ante mi imaginación la imagen de mi padre, fría y severa; la de mi madre, llorosa y pálida, y las de mis hermanas, que suplicantes me imploraban que no cortara mi existencia, que no cometiera un acto tan brutal y cobarde. Ciego por esta visión, tiré el arma lejos de mí; y me senté á llorar amargamente mi desventura, a llorar la muerte de mis ilusiones, á llorar la muerte de mi porvenir...

IV

Regresé después á mi patria, en donde he continuado padeciendo con resignación verdaderamente cristiana las vicisitudes de la vida. Tal ha sido la página de la historia de mi vida, en la cual tú has desempeñado el tristísimo papel de perjura; en la cual has demostrado que eres falaz y que nunca podrás hacer la felicidad de ninguna persona que te entregue su corazón!

V

Sé feliz con el anciano compañero que por sus riquezas te condujo á los altares; sé dichoso en tu vida conyugal... ¡Y ojalá que el remordimiento, no roa con sus afilados dientes tu conciencia, echándote en cara tu falsía y tu ingratitud!

¡Sé feliz! Yo me he abandonado hace tiempo en brazos de mi destino; y bogando en el tumultuoso océano de la vida, busco en vano la paz del corazón que tú destrozaste con tu infame proceder.

1899

("La Propaganda" de Santa Barbara).

RAMÓN ROSA

¡Hondureño inmortal! En la memoria
Tus obras vivirán y tu renombre;
Y al escribir tu luminosa historia,
Se tendrá que mojar con luz de gloria
La pluma que trazará tu gran nombre!

F. TURCIOS

Honduras, nuestra querida patria, está hoy de luto. Hace dos años que Ramón Rosa, el Gran Ministro, el Príncipe de las nacientes letras hondureñas, desapareció del escenario de la vida. ¡Murió el insigne literato, pero murió inmortal! Su nombre permanecerá grabado profundamente en el corazón de todos los patriotas centroamericanos, y la juventud colgará de la cruz de su sepulcro coronas de siemprevivas y de laurel.

La historia consignará en sus eternas páginas el nombre del insigne hijo de Tegucigalpa, para transmitirlo á las generaciones venideras. Honduras ha sido la cuna de hombres de gran talento; mas esos hombres que hubieran contribuido á hacer la felicidad verdadera de su patria, han sucumbido en la plenitud de su vida, cuando el mundo les sonreía por doquiera y cuando vislumbraban entre opalinas nubes, allá en lontananza, un halagüeño y venturoso porvenir.

¿Dónde están los inspirados vates Molina Vijil y Ramón Reyes? ¿Dónde están los jóvenes Policarpo Irías M. y Francisco Lobo Herrera? ¿Qué se hizo Ramón Rosa? Todas estas notabilidades de Honduras, todos estos nobles é ilustrados ciudadanos, cuyos nombres pasarán á la posteridad, están disfrutando el imperturbable y eterno sueño de la muerte.

"Mientras en Centro América —dice cierto personaje—, brille la instrucción pública, y la hacienda prospere, y el fomento signifique adelanto, y la justicia dicte leyes, y el gobierno sea administración, y la guerra tenga ejército, y las relaciones exteriores sirvan á la unión y á la paz, el estadista hondureño será siempre recordado. Y mientras la historia enseñe, y la literatura conmueva, y cante la poesía; mientras el castellano idioma se hable allí donde el aire da quetzales, aquí donde la tierra produce oro, allá donde el Nicoya cría perlas, el literato tegucigalpense no será olvidado jamás".

Rosa era un talento genial, que todo lo sintió, y todo lo pensó, y todo lo expresó, con dulce sentimiento, idea altiva y forma bella. Su nombre está unido al nombre de Guatemala y Honduras regeneradas. Jurisconsulto y político, literato y filósofo, era una síntesis suprema. Nacionalista y autonomista, quería la Nación grande, una é indivisible. Liberal por principios, dictó la fórmula antirradical del progreso, pues la naturaleza no da saltos. Romántico primero, fué clásico después, y realista. Librepensador y anti jesuita, fué también religioso y casi místico. Especie de Voltaire y de San Juan, su obra literaria es una gran obra de arte.

Como ciudadano que prestará grandes y relevantes servicios á la República de Honduras, como literato ilustre, todos los hondureños debiéramos contribuir con algo, a fin de que a tan insigne personaje como fué el Doctor Rosa, se le levantar un monumento que perpetuará su memoria. No dejemos en el olvido al que fué Ramón Rosa. No porque su cuerpo descanse en tétrica y fría tumba, y porque su espíritu haya volado a otro mundo mejor, olvidemos á un hombre que tan útil fué, bajo todos conceptos, á nuestra patria. Que se escriba su biografía, como él escribió la del sabio Valle, la del valiente Morazán, la del Padre Reyes, la de Diéguez y la del General Ferrera. Que se coleccionen sus composiciones literarias y que se den á la luz pública, para que sean conocidas por to- dos los centroamericanos amantes de las letras. He aquí el trabajo que le está encomendado á la juventud hondureña. Que cumpla con su cometido, con todo el esmero posible, es lo que deseamos con el corazón los que fuimos admiradores del Castelar hondureño que en vida se llamó RAMÓN ROSA.

(El Eco Liberal de Santa Barbara, Guatemala 1895).

REFLEXIONES

(Á MI QUERIDO AMIGO MARTÍN JIMÉNEZ).

I

¡Cuán fácilmente se deslizan los años en el profundo abismo del pasado! Corren rápidos y se llevan tras de sí nuestras más caras y hermosas ilusiones.

Empieza el hombre por ser niño. En esa edad bendita de la inocencia, en ese bello período de tiempo en que el niño juega con su adorada madre, en que corre tras bellas y doradas mariposas, no piensa más que en recrearse y llevar á cabo sus inocentes pensamientos.

II

Viene en seguida la adolescencia, esa bellísima estación, por decirlo así, de la vida. Todo sonríe al joven: vislumbra su porvenir tras bellas y opalinas nubes; encántale el verdor de los bosques, el perpetuo rumor de los arroyos y el susurro constante de los árboles. Sueña con hadas halagadoras, con visiones voluptuosas, con imágenes bellísimas de seres increados. Parécele que todo tiene animación... ¡Dichosa edad del hombre! Es la adolescencia la mejor estación de la vida.

III

Sucede á la adolescencia la edad adulta, y desaparecen, como por encanto, los dorados sueños, las hermosísimas visiones y todo lo que encanta y recrea á la vista en la adolescencia. Después, después, viene la muerte, que hace desaparecer todo, todo, y se lleva nuestros placeres y esperanzas.

IV

¡Cómo se pasan ligeros los días de nuestra existencia! Vuelan en raudo torbellino y se llevan nuestras más caras y hermosas ilusiones...

(El Eco Liberal de Santa Bárbara. 1895).

VERDADES AMARGAS

Á MI QUERIDO MAESTRO EL LICENCIADO DON JOSÉ MIGUEL SARAVIA

Mientras un pueblo no tiene un gobierno que haya sido electo por la opinión de todos sus habitantes, la paz es inestable, pues la experiencia nos lo ha demostrado. Si la ambición de mando, esa horrible y contagiosa enfermedad, desapareciera de los pueblos, desaparecerían también nuestras guerras intestinas; pues aunque los caudillos que se levantan invocan para justificar las guerras el nombre santo de la libertad, no es por alcanzarla que se lanzan á las revueltas, sino por enriquecerse ellos y sus secuaces.

Todos los aspirantes á la Presidencia de un Estado ofrecen que será su gobierno un gobierno de leyes; mas cuando están en el ejercicio del poder, olvidan sus promesas; y en vez de ser su gobierno un gobierno de leyes, se transforma en un gobierno sin leyes. El desprestigio de un gobierno y su caída dependen, casi siempre, de los abusos, arbitrariedades y desaciertos que cometen sus empleados en los pueblos de su mando.

Si los gobernantes llamaran á las personas ilustradas y de buen corazón para que sirvieran los empleos públicos, nunca se desprestigiarían. Todos los aspirantes á la primera magistratura de un país son dóciles, obedientes, de buen corazón, antes de ejercer el poder; mas después el orgullo y la vanidad los ciega; las alabanzas y el incienso que les brindan los palaciegos los ensoberbecen, y entonces no se acuerdan que son mortales y que no siempre estarán en el poder.

Los que hoy critican los abusos y desaciertos de un gobierno, mañana cometerán ellos más injusticias, más iniquidades, si logran atrapar el poder. ¡Pobres pueblos! Siempre esperáis un Redentor en cada individuo que llega á regir vuestros destinos, y al poco tiempo veis con horror que en vez de un Mesías tenéis de gobernantes á hombres de la talla de Nerón, Calígula y Tiberio.

Guatemala. —1893.

EL PRESUNTUOSO

El presuntuoso es la peor plaga social. ¿Queréis saber quién es él? Os lo diré. Es el prototipo de los tontos, porque en su creencia estúpida piensa que es un sabio. ¿Se habla de historia? Él os dirá que estudió de punta á punta la Historia de Cantú; y si le preguntáis quién fué Cambises ó Jerjes, se queda sorprendido y luego trata de variar el tema de la conversación.

¿Se habla de geografía, de química ó geometría? Él os dirá que es profundo en estas materias: que estudió años enteros á Maltebrum, Estévanez, Cortambert, etcétera, que sabe perfectamente á Troost, Rubio y Díaz y no sé qué otros autores de química; y que en Geometría, tal vez sabe más que Laplace, Newton y otros geómetras. Si deseáis convenceros de lo que os dice, preguntadle en qué partes del mundo quedan los ríos Mobila, Volga, Hoang Ho, Chamelecón, Usumacinta, etcétera… ¡Y os dirá que todos riegan la parte sudeste de Egipto! Preguntadle quién descubrió el oxígeno protocarbonado y cómo se prepara este mismo cuerpo, y os dirá que Képler fué el descubridor del referido gas, y que con iodo y cobalto puede obtenerse fácilmente.

Preguntadle qué son líneas paralelas, y os dirá que son aquellas que se juntan en un punto, formando una figura geométrica que se llama ángulo. Así es el presuntuoso. Todo lo sabe y todo lo ignora. Si le habláis de literatura, os confundirá por completo. Asegurará que la Retórica es su fuerte. Preguntadle en seguida qué es metonimia, sinécdoque, execración, apóstrofe, etcétera, etcétera, y os dirá que estas palabras significan ciertas reglas que debe tener presentes cualquier poeta al versificar. Y no creáis que exagero.

Cierta vez me encontré con un tipo de esta clase, que se empeñó en asegurar que Venus era el planeta que ocupaba el lugar de Neptuno. No quiso cejar en su estupidez. Yo hice los esfuerzos de un gigante para convencerlo de su error, y me dijo que sabía lo suficiente para dejarse engañar por un cualquiera.

—Perdone, usted —le repliqué… Creo, con toda seguridad, que usted puede escribir una obra de Astronomía, pues supongo que en esta materia sabe usted más que el célebre Newton; mas le suplico que investigue si es cierta la ley de la gravitación universal.

—Como está anunciada en los libros —me dijo—, es falsa á todas luces. Yo la sentaré así: "Todos los cuerpos se atraen en razón inversa de las masas, y directa del décuplo de las distancias!".

—¡Socorro! —exclamé—... Sálvenme de este loco que se ha escapado del manicomio. Y allí quedó, como un furioso, sosteniendo su ley bárbara. Yo me escapé como pude.

¿Queréis ver completamente loco á un presuntuoso? Habladle de política, y le veréis disertar admirablemente sobre los partidos, diciendo unos disparates más grandes que la torre de Eiffel. Es el presuntuoso, según su modo de ver, un estadista consumado.

¿Queréis conocerlo en la calle? Asomaos al balcón, y en menos de un minuto que estéis allí, veréis pasar por la acera opuesta un dandy estirado y flaco como un notario que pasa en su bufete desplumando á sus clientes. Va con una levita excelente.

Lleva la cabeza echada hacia atrás y con un aire de personaje importante. Parece un ministro diplomático. Piensa que todos se fijarán en él y creerán que es un sabio! ¡Es él! ¡Es el presuntuoso! ¿Veis cómo tiene orgullo? Pues es que la ignorancia, el orgullo y la estupidez reinan en el cerebro vacío de ese ente despreciable que se llama el presuntuoso.

De esta clase de tipos tenemos innumerables por acá. Que Dios se compadezca de la sociedad y les mande una enfermedad que sólo á ellos los destruya. Tales son mis deseos, que creo se cumplirán en no lejano día.

Guatemala.—1895.

ILUSIONES MARCHITAS

A LOS LICENCIADOS DON RÓMULO E. DURÓN Y DON ALBERTO AGUILUZ

I

Corrían los últimos meses del año de... Ella, Emelina, era entonces una joven, pero una joven preciosísima.

¿Podré describir su hermosura? Nunca; porque su belleza era celestial, y no hay frases suficientes para ensalzar aquellos hechizos incomparables.

Emelina contaba apenas, en el año a que me he referido, diez y seis primaveras.... Estaba radiante de hermosura.

¡Oh, bien mío! ¿Por qué tuve la desgracia de amarte? ¿Por qué en mi loca fantasía me forjaba la idea de que serías algún día mi dulce compañera en el camino de la vida, si el destino cruel debía separarnos para siempre?

II

Cuando Emelina y yo éramos niños, jugábamos juntos; y ella me trataba siempre con esa familiaridad agradable con que se tratan dos seres inocentes: pero cuando la niña se transformó en mujer, cuando la crisálida se tornó en mariposa, nuestras relaciones se fueron haciendo, por parte de ella, más frías e irregulares.

Desde niño la amaba. Cierta vez, cuando en nuestros juegos infantiles habíamos llegado a un bosquecillo formado de verdes madreselvas, sentados uno al lado del otro, teniendo entre mis manos una de las suyas, le dije en el lenguaje sincero de la inocencia:

—Emelina: en estos momentos te veo tan pura, tan hermosa, tan seductora, como un ángel de los cielos. ¿Quieres ser mi novia?

Ligero carmín coloreó sus mejillas de niña inocente, y me dijo:

—Ya sabes que hemos crecido juntos; que te quiero mucho. Eres, pues, desde hoy, mi prometido.

Y sin darme lugar a abrazarla, depositó un ligero beso en mis labios, que me hizo estremecer, y partió ligera, como azorada gacela, con dirección a la casa.

III

¡Oh ilusiones de la infancia! ¡Cómo os vais tan ligeras, que dejáis lacerado nuestro infeliz corazón! Os desvanecéis a nuestros ojos, como se desvanecen a los primeros rayos de calor las pálidas y espesas brumas que envuelven nuestros pinares.

Se llegó la época en que debía ir a lejanas tierras a continuar mis estudios de segunda enseñanza.

Cinco años pasé alejado de mi familia y de mi adorada Emelina; pero constante en el propósito de obtener pronto mi primer grado, pude regresar al lado de mis padres con mi título de graduado en Ciencias y Letras.

IV

¡Cómo había cambiado Emelina! De una niña se había transformado en una mujer, pero preciosa, encantadora.... Su talle era esbelto como los cedros del Líbano; su rostro era como el de un ángel de la celeste mansión!.... ¡Oh! La encontré bellísima, vaporosa, seductora!

¡Cuántas ansias tenía de hablarla! ¡Cuántos deseos tenía de recordarla nuestros juramentos de niños!

Al fin pude encontrarla bajo un emparrado del jardín, sentada en un precioso banco de piedra. Trémulo y lleno de amor, me dirigí a ella.

—Emelina —le dije—: Emelina.....¿recuerdas aquellos días de nuestra infancia?....¿Recuerdas que me prometiste ser mi esposa? Pues ahora vengo a decirte: "Emelina, recuerda tus promesas; Emelina, te amo con el alma; tú eres mi única ilusión, mi único bien; mi esperanza, mi porvenir. Quiero que esos tus bellos ojos me dirijan una mirada de compasión; que me digas si me amas... Si merezco ser tu adorador, si podré tener la esperanza de que seas algún día mía; de que vivamos el uno para el otro, de que compartamos los infortunios de esta miserable vida. En una palabra… ¡De que seas mi esposa!

En el arrebato de mi pasión la tomé ambas manos y se las besé con delirante frenesí, esperando ansioso su respuesta.

—Pues bien —me dijo—, mi corazón, virgen al amor, ha despertado del letargo en que se encontraba. Tu imagen me persigue noche y día: mis ojos te ven por doquiera: ya en la fuente que murmura, ya en el pajarillo que trina, ya en la brisa, ya en las nubes, y, más palpablemente, en mi propio corazón. Una fuerza superior me empuja hacia ti: oigo una voz miserable que me dice: "Ama a ese hombre con todo el amor que tenías adormido en tu virgen corazón: únete a él, y el Dios bondadoso que preside la marcha armónica del Universo os dará su celestial bendición". ¿Por qué callarlo? ¿Por qué ocultar al mundo que te amo? Sí yo te adoro, te amo con un amor purísimo, inmenso… ¡Eterno!

Yo la escuchaba extasiado. Al terminar de hablar, no pude dominarme; y rodeando mis brazos a su esbelto y bien modelado talle, la estreché fuertemente contra mi corazón, y deposité centenares de ardientes besos en aquella boca sonrosada y entreabierta por el soplo divino del amor.

VI

¡Oh momentos hermosos de mi existencia! ¡Ay! Me parece tenerla aún entre mis brazos, aún me parece besar aquellas mejillas coloradas por suave carmín, sentir su perfumado aliento, oír sus repetidas protestas de amor.

¡Oh! Si todo fuera un sueño! Si no existiera la amarga realidad; si mi bella Emelina hubiera sido fiel a su palabra, yo sería feliz!...

VII

Sólo dos meses, que para mí fueron dos cortos minutos, pasé al lado de mi prometida. Después partí, contra el gusto mío, a empezar los estudios de una carrera profesional.

¿Por qué iría? ¿Por qué el destino fiero me obligó a retirarme de mi bien, de mi vida misma, de mi corazón?

No quise despedirme de ella; no quise decirla adiós, porque "las almas no tienen que hacerse ninguna recomendación, porque las almas no tienen despedida, no tienen adiós!".

No quise decirla adiós, porque, como dijo un poeta: "No te digo adiós: ¿quién de sí mismo se ausenta y se despide? ¿Cómo puedo a mi propio pensamiento decir que no me olvide?".

¡Cuando volví, después de muchos años de ausencia, desesperado por no haber recibido hacía meses cartas de ella: cuando volví, digo, y pregunté por mi Emelina, nadie quiso decirme en dónde se encontraba!

Atormentado por cruel incertidumbre me lancé a la calle: encontré a un amigo, que, al verme, me estrechó contra su pecho, diciéndome:

—Amigo mío: tu Emelina, olvidando sus juramentos, ha unido su suerte a otro hombre.

Sentí un rudo y violento golpe en el corazón; y desprendiéndome de los brazos de mi amigo, corrí loco, delirante, sin rumbo fijo, hasta que, faltándome las fuerzas, caí sin sentido, presa de un violento y terrible ataque.

No supe más...

XII

Emelina pertenece a otro hombre; pero aún la ama mi corazón. El destino no quiso que fuera mía; pero su imagen tiene un santuario aquí, en mi pecho.

¡Emelina! Desdichada criatura que destrozaste mi existencia, ruega a Dios por este pobre mortal que en un tiempo fue tu más rendido adorador; por este hombre que te dio su corazón; por este tu pobre amante que, al arrebatarte el destino de su lado, vio arrebatadas por furioso aquilón sus ilusiones ya marchitas...

(El Eco Liberal de Santa Bárbara—1895).

MANUEL FRANCISCO VÉLEZ

Es trance amargo cuando á mundo ignoto aquel que amamos para siempre va: Quédanos un consuelo harto remoto, y es: ¡la esperanza de encontrarlo allá.

¡PLÁCIDO Manuel Francisco Vélez! Estrella de primera magnitud, que brillaba esplendorosa en el terso cielo de nuestra querida patria; escritor distinguido y fecundo, cuyas sabias lucubraciones admiraban los más notables pensadores; Pastor dignísimo de la Iglesia hondureña, á quien amaba tiernamente....

¿Dónde está? ¿Qué se hizo el sabio Prelado de la Diócesis de Honduras? ¡Ha bajado al sepulcro!. ¡Ha descendido su cuerpo á una fría y tétrica tumba, a dormir el imperturbable sueño de la muerte!

Pero su nombre jamás se borrará del corazón de los verdaderos católicos, de los que profesamos como se debe la augusta é incomparable religión que selló con su sangre el Mártir que lanzara su postrer aliento sobre las cumbres del Gólgota. Ha bajado el Ilustrísimo señor Vélez á la tumba; pero su muerte no significa olvido, sino inmortalidad...

Algún día la historia consignará en sus eternas páginas el nombre del sabio ilustre que exhaló su último sus- piro en el ignorado pueblo de Cane. El tiempo, tarde ó temprano, hace justicia al mérito de los individuos.

¿Por qué la muerte arrebata siempre del escenario de la vida á aquellos hombres que con su talento y con sus luces contribuyen al adelanto de las ciencias? ¡Dolor! ¡Misterios inescrutables del destino! Oh de aquel cerebro que golpeó la idea, luchando, como el mar contra la roca. La chispa se apagó... Ya nada crea ni nos dice ya nada aquella boca.

¡Descansa en paz, sabio eminente! ¡Descansa en paz! Y confía en que Honduras, agradecida, jamás olvidará tu nombre y colgará de la cruz de tu sepulcro guirnaldas de rosas y laurel.

OBRA DE TEATRO

CONSECUENCIAS DE LA AMISTAD ÍNTIMA

(O mal vivirán los casados entre amigos o allegados)

Comedia en dos actos y en versos

PERSONAJES

Rafael de 32 años

Manuel de 33 años

Julia de 28 años

Magdalena, criada

Un criado

La escena pasa en una ciudad cualquiera. Época actual

ACTO I

(El escenario representa el despacho de un abogado. Al alzarse el telón, aparecerá Rafael escribiendo en su mesa; y de pie, tras la silla que aquel ocupa, estará una joven que lo contempla con ternura).

ESCENA I

JULIA: ¡Pido a usted, señor doctor,
con la mayor reverencia,
que me conceda una audiencia
por piedad o por favor!

RAFAEL: Muy urgente debe ser
lo que usted hoy necesita,
ya que, con esta visita,
el tiempo me hace perder...
Pero, en fín,.... usted dirá,
mi Julita encantadora,
¿qué cosa es la que busca ahora
con tanta necesidad?
Si pierdo un solo momento
me hará falta... vida mía,
ya que tengo, cada día,
que ganarme aquí el sustento.
De usted, mi querida esposa,
y el de aquellos retoñitos,
que ya lanzan fieros gritos
por su ausencia silenciosa.

JULIA: Eso, doctor, ya lo sé,
pero los buenos maridos,
en el trabajo sumidos,
se enfermarán.... ¡Como usted!
Además, si una mujer
ha de tratar con su esposo
de un asunto muy valioso,
éste la debe atender.

RAFAEL: Dejo ya mi ocupación
y me dispongo a oír;
más no deberán decir
que en esta mi habitación,
estuviste tú de pie
mientras yo estaba sentado...
Vente, pues, ángel amado,
a sentarte al canapé!
(Da el brazo a Julia y la acompaña hasta el asiento
que le ha indicado, donde se sientan ambos).

JULIA: ¡Muchas gracias!

RAFAEL: ¿Qué te pasa!

JULIA: Que tu nenita Consuelo
hoy te envía este pañuelo
que ha bordado aquí en la casa.
(Le entrega un paquete).

RAFAEL: ¿Sabes que está bien bordado?

JULIA: Dice ella que ha de servir
mientras dure su existir,
a su padre idolatrado...

RAFAEL: ¡Dirá la nenita así,
porque su madre le enseña
con voz dulce y halagüeña,
que debe quererme a mí!

JULIA: La madre tiene el deber
De inculcar, con gran paciencia
Los hijos deben tener
Por sus padres amorosos
Qué de su infancia cuidaron

Qué por su vida velaron
Solícitos, cariñosos.

RAFAEL: Ya sé yo, bella, Julita
Qué eres la madre excelente

JULIA: Mas aquí hay otro presente!
(Entrega a Rafael otro paquetito).

RAFAEL: (Abriéndolo)
¡Qué corbata tan bonita!
¿Me la pruebo?

JULIA: ¡Qué torpeza!
Si talento ha de tener,
debiera usted comprender
que hay que pagar la fineza.

RAFAEL: No reñiremos por eso,
pues la cuenta pagaré;
más, por ahora,.. te daré
un par de abrazos... ¡Y un beso!
(La coge por la cintura y le da un beso estrepitoso)

JULIA: (Con gravedad)
¡Tenga usted juicio, señor,
que ya me empiezo a enfadar!

RAFAEL: ¿Pues cómo podré pagar
tanto obsequio de valor?

JULIA: Nos pagarás en la hacienda
donde tanto habrá que ver:
¡Deja a un lado ya el quehacer
el doctor le recomienda!

RAFAEL: ¡Como estamos en abril
          iremos al fin del mes;
          pues según tú misma ves,
          tengo aquí, trabajos mil!

JULIA: Es el campo tan hermoso,
          tan risueño en primavera,
          con tanta fuente parlera,
          con tanto ambiente aromoso.
          La madre selva estará abrigando el cenador,
          donde se inició nuestro amor
          que nunca se amenguará…
          ¡Verde tienda perfumada
          que guardará eternamente,
          aquella dicha sonriente
          de una época no olvidada!

RAFAEL: ¡Es ciertos, el lugar aquel
          nos será siempre estimado,
          porque en él se ha deslizado
          nuestra lunita de miel!
          ¿Qué de cosas no dijera
          aquel lindo cenador,
          de nuestro naciente amor,
          de nuestra dicha primera?

JULIA: ¡Diría que un abogado,
          de gran nombre y de valía,
          allá se tornó en un día
          en trovador inspirado!
          Que con temblorosa voz
          una canción muy bonita,
          le entonó a su mujercita,
          por quien se moría de amor.

RAFAEL: Rendí culto a la poesía
por obtener tus favores.
¡Oh tiempos de luz y flores,
de perfumes y armonía!

JULIA: El catorce, muy temprano,
para la finca nos vamos,
para ver si respiramos
aire saludable y sano.

RAFAEL: ¡El viaje se efectuará!

JULIA: ¡Quede en paz, usted.. doctor;
más no olvide... por su honor,
que conmigo
usted se ira!
(Sale por una puerta lateral)

ESCENA II

RAFAEL: *(Pascándose).*
¿Cómo es que habrá solterones,
a quienes todo maltrata,
viviendo a salto de mata
en *non sanctas* distracciones?
Entre mujeres malvadas,
volubles, cual mariposas,
gastarán sumas cuantiosas
en orgias depravadas.
Y se esfuma el capital,
y se arruina la salud,
y no miran el ataúd
que les precede fatal.
Ocho años ajusté ayer
de casado mas yo creo
que la antorcha de Himeneo
ha poco comenzó a arder.
Pero también es verdad

que entre mi mujer y yo,
nunca el demonio metió
la discordia o deslealtad.
Siempre, siempre he presumido
que de la vida en las sendas,
no habrá quien tenga las prendas
que mi esposa habrá tenido.
¿Por qué en este mundo fullero,
donde existe tanto bolonio,
le huye siempre al matrimonio
el que se encuentra soltero?
Escribiría un tratado,
si talento yo tuviera,
en el cual se describiera
la dicha del que es casado.
Y viendo esa obra… Yo infiero,
que a los dos meses cabales,
no habría en las saturnales
ni la sombra de un soltero!
(Julia se asoma por la puerta del despacho).

JULIA: ¿Quieres algo del mercado?

RAFAEL: Entra.... ¿qué vas a comprar?

JULIA: Todo lo que hay que alistar
para el viaje proyectado!

RAFAEL: (Contemplándola)
Te confieso, Julia, sí,
que hoy estás encantadora;
y que más me gustas ahora
que cuando tu novio fui.
Agracian a la mujer
las carnes, cuando ha engordado;
y por esto, tú has ganado
a mi humilde parecer.

JULIA: ¿Qué es eso, señor marido?
¡Tiene usted la lengua lista!..
¿Piensa usted pasar revista
al peinado y al vestido?

RAFAEL: No quisiera envejecer
para no ver desengaños;
pero con 35 años,
todo se echará a perder.

JULIA: No se aumente usted la edad:
no son más que treinta y dos;
tenga usted confianza en Dios,
quien dará felicidad.
Y que confieses, hoy quiero
que estás rejuvenecido;
que no estás tan decaído
como cuando eras soltero.
Bien flaco y desmejorado
eras antes de casarte;
pero debes de alegrarte
por lo mucho que has cambiado.
Antes llevabas la vida
terrible del calavera,
sin pensar que aquesto fuera
lo que te dañó enseguida.

RAFAEL: ¡Recuerdas mis locuras!

JULIA: Al tratarte íntimamente
miré que eras inocente
de todas tus travesuras.
Porque todos los malvados,
que hoy causan tu justo enojo,
te llevaban a su antojo
a los antros condenados.
Tu corazón conociendo,

y tu inefable bondad,
te explotaban, en verdad,
y tu ruina iban haciendo.
¡Ay! Entonces tú ignorabas
que un vicio degradante es,
el vicio de la embriaguez,
al que entonces te entregabas.
¿Recuerdas las reflexiones
que cariñosa te hacía,
cuando veía que en la orgía
buscabas las distracciones?
Entonces, aún lo recuerdo,
al ebrio yo te pintaba,
como un ser que se agitaba
en el cieno, como un cerdo.
Y cual maestra cariñosa
Mil objeciones te hacía
y al ebrio te describía
de esta manera juiciosa
En la persona ostentando
desaliño estrafalario;
y en el rostro temerario
la estupidez demostrando.
Fetidez en el aliento
al hablar o respirar;
a los amigos faltar
sin ningún comedimiento.
Mil necesidades decir:
hallar ofensas doquiera,
de la sociedad entera
ser siempre el hazmerreír.
Ser bochorno del hogar
con los más feos borrones;
cometer malas acciones
que al presidio han de llevar.
Ser necio, ser majadero,
en todas partes ludibrio,

y perder el equilibrio
para caer en cieno fiero...
Inconsciente cometer
muchas acciones horrendas;
decir palabras tremendas
que al vecino han de ofender…
Rafael mío: todo esto es,
sin que haya exageración,
ese vicio, esa pasión,
que se llama: ¡LA EMBRIAGUEZ!.
¿Recuerdas que yo… vehemente
quería que en tu memoria,
grabaras siempre la historia
nefanda del aguardientes
que no se pasaba un día
en que, adusto ceño,
esa historia, dulce dueño,
así te la refería.
La historia del aguardiente
Ha sido en toda ocasión
Vergonzosa e indecente
Pues conduce eternamente
al crimen y corrupción.
Él la lengua ha corrompido
y al mal las manos inclina;
a la amistad ha destruido
y a la familia ha sumido
en la miseria y la ruina.
Al padre que es cariñoso
luego le torna en tirano,
o le lanza al pavoroso
abismo negro, horroroso
del crimen torpe… inhumano.
La hermosura o la belleza
del rostro el vil destruyó,
pues lo deja con fiereza
violáceo, con gran presteza,

cual berenjena en sazón...
A la casa le ha robado
la abundancia y la decencia:
lanza al hombre a la indigencia;
y ríe con insolencia...
al verle sucio, arrastrado.
Él llena de criminales
las casas de corrección;
preside las saturnales,
y los actos inmorales
formarán su diversión...
Oscuro y ensangrentado
del ebrio el ojo será;
pues el licor le ha quitado
el brillo que le ha adornado
en otro tiempo y edad...
Dando tumbos vacilantes
los ebrios por siempre irán;
y en sus rostros vergonzantes
los crímenes repugnantes
del bandido lucirán...
¡Es horrible el resultado
que en el mundo siempre dió,
el tósigo malhadado
por Lucifer preparado
con el nombre del ALCOHOL!

RAFAEL:　Sí, Julia: tienes razón;
pero en el tiempo aquel,
¡Ay, se divertía Rafael
más que en cualquiera ocasión!

JULIA:　¿Sí?

RAFAEL:　Un amigo yo tenía,
el muchacho más tronera,

que conmigo excelente era
al cuidarme noche y día...
¡Tenía un gran corazón,
resultó, leal y sensible...
mas un demonio temible
era aquel Manuel Cordón!

JULIA: Sí, sí, sí… ya me has contado
muchas cosas de ese amigo,
que fue tu peor enemigo
antes de haberte casado....

RAFAEL: ¡Tenía un corazón de oro,
como hermano me quería!

JULIA: Buen hermano, que a la orgía
te llevaba… sin decoro.

RAFAEL: Pobre amigo…
se perdió y no he vuelto a saber de él.

JULIA: ¡Quién sabe si a ese Manuel
el diablo se lo llevó!

RAFAEL: Voy mi trabajo a concluir
mientras tú vas al mercado.

JULIA: Que me dé el brazo el togado
pues de aquí me debo de ir.
(Rafael le da el brazo y la acompaña hasta la puerta).

ESCENA III

MAGDALENA:
En la puerta está un viajero
que desea a usted hablar.

RAFAEL: ¿Quién es?

MAGDALENA:
> ¡No sé!

RAFAEL: Puede entrar ese señor caballero.

MANUEL: (Entrando)
> ¿Cómo estás, mi buen Rafael?

RAFAEL: ¿Eres tú, fugaz visión
> del doctor Manuel Cordón,
> del finado amigo fie?
> ¿Del tétrico camposanto
> vienes, amigo querido,
> a dirigir un cumplido
> al que en vida te amo tanto?
> (Le abraza).

MANUEL: Ahora te has equivocado
> porque aún vive este Pelayo,
> aunque tú, ya de soslayo,
> al sepulcro me has donado.

RAFAEL: Veamos, hoy, señor perdido,
> ¿por qué una carta no envió
> en diez años que duró
> a saber dónde escondido?

MANUEL: Porque soy muy indolente:
> me domina la pereza;
> más sabes con qué dureza
> te he estimado ciertamente.
> De lo expuesto será prueba
> que en tu casa ha aparecido,
> este cometa perdido
> que en su corazón te lleva!

RAFAEL: No pasan por ti los años
> pues pollo estás todavía.

MANUEL: ¡El tiempo me da a porfía
solo amargos desengaños!

RAFAEL: (Mirando a Manuel)
¡Casi me atrevo a decir que hueles a millonario!

MANUEL: Tu olfato es estrafalario
al juzgarme tú así!
Porque en mí todo es fachada;
y si alguien me echa la sonda,
se convencerá que es honda
mi pobreza malhadada.
Bien ha dicho la experiencia
que el que nace para ochavo,
no tendrá nunca un centavo
en su mísera existencia.

RAFAEL: De la suerte no arguyamos;
pues cuando menos se espera,
nos ayuda retrechera
si su favor imploramos.
Mientras se llega ese día,
ya sabes que soy el mismo;
que te quiero sin egoísmo
y con franca simpatía.

MANUEL: Gracias, Rafael querido,
siempre, siempre yo he confiado
en el amigo abnegado
que mi providencia ha sido.

RAFAEL: Si hermanos del corazón
éramos en la niñez,
¿por qué ahora en la vejez
no te daré protección?
Mas, ¿qué penas has tenido
durante tu larga ausencia?

¿Has estado en la indigencia
o entre los bosques perdido?

MANUEL: Seré el errante Judío
de la bíblica leyenda.
¡Ay, cuando me fui, la tienda
allá alcé en el pueblo mío!
Alegre el bufete abrí
y me dediqué a engañar,
al que se atrevió a confiar
en las mañas que aprendí.
Pero como mal obré,
yo, que no he sido tan tonto,
ay, me convencí algo pronto
del fracaso y me escapé.
Me fui para El Salvador;
y de allí me trasladé,
sin saber cómo y por qué,
a México,....si....señor.

RAFAEL: ¿Es decir que tú has viajado
siempre en busca de fortuna?

MANUEL: Es verdad; mas a la luna
de Valencia; me he quedado.

RAFAEL: El que viaja, adquirirá
talento y sabiduría.

MANUEL: Sí, porque al fin sabrá
que es un tonto,
cualquier día.

RAFAEL: ¡Siempre eres exagerado!
Todo el que recorre el mundo,
se hará un pensador profundo
o un sabio muy reputado.

MANUEL: De la senda recorrida,
yo diré, cual dijo, Plaza,
que en el mundo todo es guasa,
o una farsa fementida
que en esta vida es un misterio.
una visión vaporosa,
una vereda escabrosa
que conduce al cementerio…
Siempre la ambición que mueve,
siempre delirios que embriagan,
siempre sueños que no apagan
ni los años con su nieve...
El hombre, hasta vacilando
al borde del ataúd,
sueña en su decrepitud
siempre la dicha esperando.
Porque la esperanza trunca
muestra siempre su faz bella,
y siempre el hombre tras ella
corre, sin tocarla nunca.
Y siempre su engaño fragua,
y siempre loco delira;
y vive entre la mentira
como el pez vive en el agua
Busca la verdad su anhelo,
y halla la razón curiosa
misterio es la negra fosa,
misterio la luz del cielo
Porque ni esa luz alumbra
a la extraviada razón;
esa luz, es ilusión...
en vez de alumbrar, deslumbra.
Esta vida infortunada
que ama el hombre con empeño,
es un ¡ay! dentro de un sueño;
es un algo de la nada.
Es aire que en su carrera

teje un velo de crespones;
es un nido de ilusiones
dentro de una calavera.
Es óptica embarcación
que mira un ciego soñando;
estela que vá dejando
sobre mares, la ilusión.
Es un eco pasajero:
es impenetrable esfinge;
es el fantasma que finge
la sombra de humo viajero...
¿Que es la vida que la suerte
con tanto rigor agita?
Palabra en el viento escrita
por la mano de la muerte?

RAFAEL: Ya miro con sentimiento
que del viaje has regresado,
escéptico y renegado,
sin valor y sin aliento.

MANUEL: No lo creas. Soy el mismo
que sueño, siento y deliro;
que por la dicha suspiro,
aunque vaya hacia el abismo.

RAFAEL: En fin, chico, ya no arguyo
en tan profunda materia;
más te diré con faz seria,
que lo mío es siempre tuyo.

MANUEL: ¡Mil gracias, Rafael querido!
Acepto desde hoy tu oferta,
pues miro que ya tu puerta
me has franqueado decidido.

RAFAEL: Hoy de vida ya he cambiado,
pues dedico mis instantes,
a trabajos incesantes
para atender a mi estado.

MANUEL: ¿Casado eres?

RAFAEL: Sí, ¿por qué?

MANUEL: ¿Hace tiempo?

RAFAEL: Ocho años há.

MANUEL: Pues tu amigo ya se va
y no te volverá a ver.
(Toma de una silla la valija de viaje, y se dispone a
salir).

RAFAEL: ¡Ya te marchas! ¿Por qué cosa?

MANUEL: Como tú ya eres casado,
una montaña se ha alzado
entre los dos, que es tu esposa.

RAFAEL: Si cometes la imprudencia
de marcharte, en realidad,
dudaré de tu amistad,
de tu gran benevolencia.
¿Crees tú que Julia sea una
mujer sin delicadeza,
cuando es fina, en su pureza
como no hay tal vez alguna?

MANUEL: Yo no digo que tu esposa
por mí se pueda ofender;
más habrá que precaver
que no huya tu paz dichosa.

RAFAEL: Ponte en mi lugar, Manuel;
          ¿dónde te puedes hospedar?
          ¿A quién debes molestar
          sino a este tu amigo fiel?
          No creas que olvidaré
          al viejo amigo sincero,
          al intrépido viajero
          que siempre infelice fue.
          No la eches de quisquilloso:
          deja el paquete en la mesa;
          y piensa tú, buena pieza,
          que aquí vivirás dichoso.

MANUEL: ¡En fin, será como quieras,
          ya que invocas la amistad:
          me quedaré, en realidad,
          si no molesto de veras!

RAFAEL.   (Toca un timbre).

MAGDALENA. (Entrando)
          ¿Se le ofrece algo, doctor?

RAFAEL: Miras a este caballero?
          Pues es mi amigo sincero,
          Y nuestro huésped de honor.
          Hay que guardarle atenciones
          así como obedecerle,
          ya que debemos tenerle
          muchas consideraciones.

MAGDALENA:
          El señor será servido
          como se digna ordenar.
          ¿Me puedo ya retirar?

RAFAEL: ¡Cuidado con un olvido!
Necesidad no tendré
de advertirte nada más;
por consiguiente, te vas
a preparar el café...
(Sale Magdalena por una puerta lateral).
¡Amigo, te voy a dejar
por unos pocos instantes,
pues asuntos apremiantes
en la Corte, he de tratar!
Mientras tanto, tú,.... sin pena,
a la criada pedirás
lo que te urja… llamarás
con el timbre a Magdalena.

MANUEL: De los amigos, tú eres
el más generoso y mejor
que te premie el Hacedor
por cumplir con tu deber.
(Rafael sale por la puerta del fondo).

ESCENA IV

(Manuel registrando la mesa que hay en la habitación, encuentra la corbata y el pañuelo que Julia le regaló a Rafael. Se pone la corbata, y se embolsa el pañuelo con mucha naturalidad. En seguida toca el timbre, y al aparecer la criada, le dice:

MANUEL: Ven hija.. acércate bien
pues quiero tu protección.
(Señalándose el estómago),
ya que aquí siento aflicción,
y desaliento... también.
Te voy ahora a confesar
que tal vez desde anteayer,
nada he podido comer
por no haber con qué pagar.
Ruégote, pues, Magdalena,

que para mitigar esta hambre,
me traigas aquí algún fiambre,
u otra cosa que sea buena.

MAGDALENA:
Con mucho gusto, señor,
será usted pronto servido.

MANUEL: ¡No echarás en el olvido
un traguito de licor!
(Regresa Magdalena trayendo varios platos con
algunos manjares que coloca sobre una mesa.
Al sentarse a comer Manuel, la criada
permanecerá de pie cerca del anfitrión).

MANUEL: Viéndote lista y juiciosa,
creo que eres mejicana.

MAGDALENA:
No, señor, yo soy graciana
Aunque nací en Santa Rosa

MANUEL: ¿Por qué dejaste la tierra
que nil recuerdos inspira,
la patria del gran Lempira,
de aquel genio de la guerra?
¿Del amor el huracán
te traería a esta ciudad,
donde en terrible orfandad
te dejará algún galán?

MAGDALENA:
¡Se equivoca usted, señor!
¡No me juzgue usted así!
Pues si yo me vine aquí,
no he mancillado mi honor.
Doña Julia, qué es graciana,
a mis padres suplicó,

que permitiera que yo
le sirviera a la paisana
.

MANUEL:	Perdona mi indiscreción
estimada Magdalena;
y puesto que eres tan buena,
otórgame ya el perdón...

MAGDALENA:
Quedará usted perdonado
con aquesta condición:
que usted tendrá compasión
por el sexo delicado.
Piense que para juzgar
hay que tener fundamento;
pues el que no tiene talento,
se conforma con hablar!
(Magdalena recoge los platos y sale de la habitación).

ESCENA V

MANUEL:	¡Pues señor, la leccioncita
que me ha dado Magdalena,
ha estado requetebuena,
aunque bastante durita!
En este mundo fullero
sobre el necio y el charlatán,
las invectivas caerán
hasta del ruin pordiosero.
"Oye todo y cierra el labio",
dijo un escritor profundo,
porque así, en aqueste mundo,
te reputarán por sabio...
Pero acabo de mirar,
con grata satisfacción,
que hay allí espejo y jabón
y navaja de afeitar...

Vamos, pues, a rasurar
esta barba desgreñada,
que nos da ya la fachada
de un derviche criminal.
(Se embadurna de jabón la cara y grita
en ocasión que Julia entra)
¡Magdalena..... picarona!
Un poco de agua deseo!....

JULIA: ¡Santo Dios! ¿Qué es lo que veo?
¡Es el diablo aquí en persona!

MANUEL: ¡Qué bonita situación
en la que yo me encuentro ahora...
¡Mire, usted, oiga, señora, yo soy el doctor Cordón!

JULIA: Entonces, según infiero,
será usted aquel Manuel
el amigo de Rafael
en sus tiempos de soltero.

MANUEL: El mismo soy en verdad,
que a esta su casa ha llegado,
porque su esposo me ha dado s
u franca hospitalidad.

JULIA: Mucho quiere a usted, mi esposo,
con amistad limpia y pura;
pues de usted, una aventura
me relata cariñoso.
Dice que usted le llamaba
su hermano del corazón;
y que, en cualquier ocasión,
sus servicios le brindaba...

MANUEL: ¡Siempre fue mi amigo leal!

JULIA: ¿Y le ha visto?

MANUEL: ¿A él?
Sí, mi señora, a Rafael
di mi abrazo fraternal.
Y al decir que era casado
tomé la resolución,
de buscar habitación
respetando así su estado..
Pero como él, siempre a mí
como hermano me ha querido,
me suplicó enternecido
que su huésped fuera aquí...

JULIA: Es muy justo… e hizo bien
de acoger a usted ahora...

MANUEL: Así es que usted, mi señora,
¿posada me da también?

JULIA: La gente que ha sido honrada
las puertas no cerrará,
al amigo que vendrá
en busca de una posada.

MANUEL: Rafael no me exageró,
al decirme, entusiasmado,
que si él se había casado,
fue.... porque un ángel se halló.
Remordimiento tendría
si no confesara aquí,
que en realidad creí
que grato a usted no sería.
Porque la mujer casada,
como hace toda mujer,
no quiere tornar a ver
amigos de edad pasada...

Y con faz seria y ceñuda
toda esposa habrá reñido,
con el pobre del marido
porque una amistad reanuda.

JULIA: De esa regla, la excepción
esta su amiga habrá sido;
y yo me hubiera ofendido,
si estuviera en la pensión.
Un favor voy a implorar
al digno amigo estimado:
que a mi esposo, bien amado,
nunca debe recordar,
las mil y mil aventuras
que en su juventud tuvieron,
y que para ustedes fueron
las más terribles locuras.
Un modelo es hoy mi esposo;
y mi dicha cifro en él;
y no es justo que Rafael
se torne otra vez mañoso.

MANUEL: Comprendo lo que desea
nunca hablaré del pasado
al amigo idolatrado
para que fiel siempre sea...
Su defensor yo seré
en caso que su marido,
le traicione fementido
o sea perjuro... a usted...
Porque el hombre ya casado
infiel no deberá ser,
a la esposa... a la mujer
que en suerte le habrá tocado.
Porque los falsos amores
que se hacen de contrabando,
en la vida irán dejando

solo espinas y dolores.

JULIA: ¡Que su palabra me ha dado
siempre la recordaré!

MANUEL: Lo dicho, lo cumpliré
como su amigo abnegado.
(Da un apretón de manos a Julia).

RAFAEL (Entrando):
¿Os dais las manos, ¿verdad?
Eso indica que ha surgido,
o que ya se ha establecido
entre ustedes la amistad.

MANUEL: ¡Ay! Yo me había formado,
de tu amable y bella esposa,
una idea pavorosa
pues me había equivocado.
Estos resabios serán
de aquel tiempo ya pasado,
quedando así demostrado,
que al hombre le asaltarán...
Mas tu permiso quisiera
y el de tu digna señora,
para concluir sin demora
de afeitar mi barba fiera.
(Saluda y desaparece por el fondo).

ESCENA VI

JULIA: Rafael: ya supondrás
que esta tu buena esposa,
no mirará desdeñosa
a tus amigos... jamás...
Pues nunca podré imitar
a la mujer que es arpía;

que mira con sangre fría
al que llega a visitar.
He visto el mísero estado
de tu amigo; y la piedad,
me hace brindarle amistad,
como tú se la has brindado…

MANUEL: Me alegro, Julita amada;
pues ese pobre viajero,
ha vuelto, según infiero,
más pobre de la jornada.
Su primer visita ha sido
para mí:.... y viendo su traje,
le he brindado aquí hospedaje,
al verlo pobre y afligido!

JULIA: Has hecho perfectamente:
tu corazón generoso,
no puede ser desdeñoso
con quien regresa doliente...

RAFAEL: ¡Gracias mil por el cumplido,
que has dirigido a tu esposo!

JULIA: Manuel no será gravoso,
pues es joven distinguido.

RAFAEL: En cuanto a eso...

JULIA: Es muy jovial;
su amena conversación
le granjeó mi estimación,
y mi afecto sin igual...

RAFAEL: Apuesto a que ese tronera
tan listo y tan desbarbado,
algo te habrá relatado
de cuando era calavera.

JULIA: ¡Oh, nada de eso, Rafael!
          pues Manuel, que es hombre fino,
          conversa con gracia y tino,
          como sabe hacerlo él.

RAFAEL: Vamos a ver, con franqueza,
          ¿qué te ha dicho ese malvado?

JULIA: Y... ¿qué crees tú, que me ha contado?

RAFAEL: ¿Quién fía en su ligereza?
          ¿Quién creerá en sus tonterías?

JULIA: Más te digo, a mi pesar,
          que mucho me ha hecho gozar
          con sus charlas y alegrías...
          Si vieras con qué franqueza
          y con qué jovialidad,
          en nombre de la amistad
          almorzó en esta pieza.
          Ya se puso tu levita,
          tu camisa de botones,
          tu chaleco y pantalones,
          y la nueva corbatita,
          que te bordó tu Consuelo,
          y hace poco, que ahora,
          se ha embolsado, sin demora,
          tu petaca y tu pañuelo...

RAFAEL: Mi despacho ha convertido
          ese caballero andante,
          en un campo de Agramante,
          o en un mesón maldecido...
          Nada le hubiera costado
          haber ido al comedor;
          más, como es loco el señor.

JULIA: ¡Vamos! No estés enfadado.
En cualesquier ocasión,
precisa ser indulgente
con el que será, realmente,
amigo del corazón.

RAFAEL: ¡Y lo soy! Mas ese truhan,
ese vago maldecido,
el defecto habrá tenido
de ser siempre… un poco Adán!

JULIA: Será que está acostumbrado,
en su vida de soltero,
a ese modo asaz ligero
que distingue al que ha vagado.

RAFAEL: Esa costumbre infernal
Él la debe desechar,
si desea conservar
para siempre mi amistad.
(Se pasea. Julia recoge los objetos que Manuel dejó
esparcidos por la habitación, y dirigiéndose a Rafael,
le dice:).

JULIA: ¡Ven,.... ayúdame, ligero
que hay mucho qué componer.

RAFAEL: ¿Y si vuelve a revolver
todo esto el amigo fiero?
(Se dirige a la mesa a arreglar unos papeles. Manuel
entra por una puerta lateral; y al verlo Julia le dice en
voz baja:)

JULIA: ¡No olvide lo que ha ofrecido!

MANUEL (En voz baja):
> Pierda usted todo cuidado,
> que este su amigo estimado,
> cumplirá lo prometido.

RAFAEL (Observándolos):
> ¿Qué es eso?

MANUEL: ¿Celoso estás,
> como lo hace un mal marido?

RAFAEL: No, hombre! Es que no he oído
> lo que ustedes se dirán!
> (Manuel abraza a Rafael y le dice en secreto).

MANUEL: Escucha siempre paciente:.
> ¿No me darás unos duros?
> (Rafael le da unos billetes con disimulo).

RAFAEL: Para que salgas de apuros,
> esta suma es suficiente.
> (Julia en voz baja a Manuel).

JULIA: ¿A qué viene ese secreto?

MANUEL: Crea, amiga, por mi Dios,
> que este asunto de los dos,
> ni es nocivo... ni indiscreto
> decíale al buen Rafael
> que sería cosa rara,
> que este amigo se casara
> como lo había hecho él,
> porque la única hada hermosa
> que por esta tierra había,
> hoy a él le hace compañía
> siempre fiel y cariñosa.

JULIA: Esa lisonja... ¡Me agrada!
(RAFAEL en voz baja a Julia).

RAFAEL: ¿Qué te ha dicho el
Calavera,
ese malvado tronera?

JULIA: ¿Qué quieres me diga? ¡Nada!

MANUEL: Supongo que este sombrero
(lo toma de la mesa)
será tuyo, buen Rafael;
así es que se apropia de él
este indómito viajero...
(Se lo pone, saluda y sale por una puerta lateral).

ESCENA VII

JULIA: Este amigo es divertido con sus gracias, ja, ja, ja.

RAFAEL: ¿Te ríes?

JULIA: Risa me da al ver cómo va vestido...

RAFAEL: ¿Y esto para tí tendrá
gracia, mi buena Julita!;
pues para mí, maldita
aquesta gracia será...

JULIA: Con tu amigo..... ¿ya has quebrado?
Yo no veo una razón.

RAFAEL: ¡Cállate, por compasión,
al ver que estoy contrariado!
Este hombre es calamidad,
es demente, un aturdido,
que aquí se nos ha metido
como un clavo sin piedad.

A ese pillo le ha bastado
una hora para arruinar,
este pacífico hogar
que tranquilo había estado...

JULIA: ¡Tú, que has sido tan prudente,
hazte cargo de las cosas:
esas rabietas furiosas
no son de un hombre decente!
¿Tu casa no le has brindado?

RAFAEL: Sí; más ese aventurero
ha creído que ser soltero,
es igual a ser casado...
Ya tú puedes figurar
que tuve las intenciones,
al verle mis pantalones
de decirle: ¡basta ya!
Te has cogido mi sombrero,
mi pañuelo, mi levita,
y la bella corbatita
que yo tanto y tanto quiero.

JULIA: ¿Y crees tú que don Manuel
contigo eso mismo haría?
¿Que él así se enojaría,
como tú lo haces con él?

RAFAEL: Sí; tiene buen corazón,
eso nunca lo he negado;
pero es tan atolondrado,
que se asemeja a un ciclón.

JULIA: Pero debes comprender
que con buena voluntad,
le diste hospitalidad
cumpliendo con tu deber!

(Rafael se sienta cabizbajo).
Que te enfades yo no quiero,
pues te puedes enfermar;
recuerda que hay que alistar
nuestro viaje bien ligero...
En el campo tú verás
cuánto vale la amistad;
y que es muy grata, en verdad;
allá te convencerás.

RAFAEL: ¡Por los cuernos de Luzbel!
¿Tienes la idea maldita,
tú, mi querida Julita,
de que nos siga Manuel?

JULIA: ¡Es claro! Y yo te prometo
que allá nos divertiremos,
pues tal vez olvidaremos
de que hablamos en secreto...

RAFAEL: Será del campo la vida
do la quietud se concilia,
feliz, al que con familia
busca su paz bendecida...
Más si hay un ser imprudente
que esa paz pueda alterar,
nunca se podrá gozar,
del campo bello y sonriente.
Una idea, creo sí
nos dará buen resultado...

JULIA: ¿Cuál es?

RAFAEL: Dejad al malvado
que se quede por aquí.

JULIA: Pero, ¿no se podrá enojar?

RAFAEL: ¡Bah! Ya buscaré el modo,
          pues arreglándole todo,
          tranquilo debe quedar.
          Le dejaré una cartita
          de amistosa despedida,
          la que llevará incluida
          una modesta sumita....
          ¡De este modo, creo así,
          que contento quedará;
          y que nunca pensará
          en seguir detrás de mí!

          (Escribe la carta y llama a un criado, a quien se la
          entrega, diciéndole:)

RAFAEL: ¡Mira! Dirás a Manuel
          que un asunto muy urgente,
          me hace marchar de repente,
          sin despedirme ahora de él!

(CAE EL TELÓN)

ACTO II

(El escenario representa el despacho de Rafael, donde se han desarrollado las anteriores escenas. Al alzarse el telón aparecerá Manuel sentado cerca de la mesa, leyendo tranquilamente un libro).

ESCENA I

(Criado entrega a Manuel una carta).

CRIADO: Traigo a usted esta encomienda.

MANUEL: ¿Quién es el que la ha mandado?

CRIADO: Don Rafael que se ha marchado
con su familia a la hacienda...

MANUEL: ¿Cómo? ¿Qué le ha sucedido?

CRIADO: No sé, señor don Manuel;
más creo que don Rafael
iba bastante afligido,
porque le pude escuchar
que se estarían tal vez,
en la hacienda, creo un mes,
con algunos días más.

MANUEL: En la carta, sus apuros
mi buen amigo dirá;
más, ¿por qué aquí me incluirá
en billetes treinta duros?
(LEYENDO).
Un suceso desgraciado
me ha obligado a salir,
sin podernos despedir
de nuestro amigo estimado.
Por lo que pasa, yo infiero,
que en un mes no te veré;
por lo cual te estimaré

que aceptes ese dinero
¡Creo no te ofenderás
por aqueste donativo,
pues en mí, por siempre vivo,
mi cariño, tú tendrás!
¡Pobre, pobre de Rafael!
Yo no debo abandonarle
Pues tengo que ir a ayudarle
Como amigo siempre fiel.
Desgraciado amigo mío
a quien debo mil favores
que en su hacienda no le acosen
los dolores o el hastío

CRIADO: ¡Come en casa, usted, doctor?

MANUEL: Sólo no puedo comer;
así es que al atardecer,
buscaré el hotel mejor.
(Se retira el criado, y Manuel sale por una puerta
lateral).

(MEDIO TELON)
CAMBIO DE DECORACIONES
ESCENA II
El escenario representa una casa de campo,
modestamente amueblada.

RAFAEL: (Dirigiéndose a Julia).
¡Es bello el campo, en verdad,
con su paz dulce y sabrosa,
con su quietud deleitosa
y su gran tranquilidad!
Hoy hace ya un medio mes
que contento aquí he pasado,
de mi familia rodeado,
lleno de salud también.

MAGDALENA:
> A la puerta un caballero
> ha rato, llamando está.

   JULIA: ¡Santo cielo! ¿Si será
> el malvado cancerbero?
> (Manuel entra por una puerta lateral).

  RAFAEL: ¿Quién será?

   JULIA: ¡Calla, es Manuel!

  MANUEL: ¡El mismo seré, señora!

  RAFAEL: ¡Pero, hombre!....¿A que vienes ahora?
> (Con tono despectivo).
> ¿Como si fueras Luzbel?

   JULIA: ¿A que se debe el honor
> de ver a usted por acá?....

  RAFAEL: Usted, Julita, verá
> si habré tenido razón:
> En cuanto la carta leí,
> que me dejaba Rafael,
> pensé que tal vez para él,
> algo malo había aquí...
> Y queriendo acompañar
> al amigo tan querido,
> a buscarles he venido
> por si les puedo ayudar.
> Si es asunto peligroso
> el que tienen por aquí,
> confíen ustedes en mí,
> que lo arreglo presuroso.
> Y si necesario fuera
> apelar a la pistola,
> no hay viuda que quede sola,
> si por ustedes muriera.

JULIA: Es noble, Manuel, su acción.

RAFAEL: ¡Y se debe agradecer!

MANUEL: Cumplo así con el deber
de amigo del corazón.

JULIA: ¡Es muy bueno, usted, Manuel!

MANUEL: Y usted es muy bondadosa,
la amiga más generosa
que en el mundo puede haber.

RAFAEL: (Aparte)
Y este Manuel, en verdad,
cantárida debe ser,
que en la nuca he tener
con paciencia y humildad.
No le basta trastornar
nuestra paz y armonía,
si no que a la esposa mía
piropos le ha de endilgar.
Pero si esto sigue así,
yo le diré a este amigo:
eres tú ya mi enemigo
vete ligero de aquí.
Me repugna tu presencia
en este infeliz hogar
que has venido a destrozar
con tu cínica indecencia.
(Se pasea, mientras Julia departe amistosamente con
Manuel).
(Manuel se dirige a Rafael).

MANUEL: Me aflijo de verte triste;
ya sabes soy abogado;
dime lo que te ha pasado,

qué asunto fiero te embiste.
¡Recuerda con cuanta cuita,
y confiando solo en Dios,
salvamos entre los dos
aquella linda viudita!

JULIA: (En voz baja).
Don Manuel, tenga cuidado
recuerde lo prometido.

MANUEL: (En voz baja)
¡San Antonio bendecido!
¿Pues no se me había olvidado?
Perdone, usted, mi señora,
semejante indiscreción.
Que es debida a esa aflicción
que a su marido devora.
(Dirigiéndose a Rafael).
Chico, ya estoy a tu lado
dime cuál es tu cuestión,
y dame ya tu opinión
en ese asunto intrincado.

RAFAEL: ¡Si de pleito no se trata!

MANUEL: ¡Pues alegra ese semblante
do se mira está triunfante
la pena que te maltrata.
Quien es dueño de esta hacienda
y de una mujer bondadosa,
no tendrá faz dolorosa
¡La razón lo recomienda!
(Aparte a Julia).
Le diré con la franqueza
que siempre me ha acompañado,
que este amigo no ha almorzado
por llegar con ligereza.

JULIA: Su confianza está muy buena,
         pues luego se arreglará.
         El almuerzo.
         (En voz alta)
         ¡Magdalena!

MAGDALENA: (Entrando).
         ¿Qué manda usted, mi señora.

JULIA: Arregla inmediatamente
         Un almuerzo prontamente
         y me avisas sin demora.

MANUEL: (A Rafael).
         Que estés siempre preocupado
         me disgusta seriamente.
         ¿Qué es hoy lo que tu alma siente?
         Dímelo, amigo estimado.

RAFAEL: Ya conoces mi franqueza,
         y espero me debes creer.
         ¡Nada, nada, he de tener!
         (Magdalena arregla los platos en la mesa).

MAGDALENA:
         Ya está servida la mesa.

RAFAEL: Habiendo almorzado ya
         solo te acompañaremos.

JULIA: Sí, compañía le haremos,
         (En voz baja):
         con muy buena voluntad.

RAFAEL: (Aparte).
         Pues señor, ya tengo odiado
         ese modito indiscreto,
         de hablar todo aquí en secreto,
         como si algo se han robado.

JULIA: (A Manuel).
      ¿De estas pasas ya ha comido?

MANUEL: Mucho, mucho, mi señora.

RAFAEL: (Aparte)
      ¡Eso de las pasas ahora
      tiene ya doble sentido!

MANUEL: (En voz baja).
      ¡Ya no haré yo inconveniencias
      según lo que hemos pactado!.

JULIA: (En voz baja).
      Olvidando lo pasado
      se evitan las consecuencias.
      (Manuel sale por una puerta lateral).

ESCENA III

RAFAEL: (Pascándose).
      Ese hombre es un cataclismo
      una gran calamidad;
      un huracán en verdad,
      que me lleva hacia el abismo.
      Y lo que me hace sufrir,
      lo que odio, con más furor,
      es que, con tu buen humor,
      sus deslices te hacen reír.

JULIA: Y por qué no haces lo mismo?
      Me parece divertido
      que este amigo haya venido,
      pues nos quiere sin egoísmo.

RAFAEL: Pero,..... ¿no miras, Julita,
      que si sigue a nuestro lado,
      viviré ya contrariado
      pues su presencia me irrita?

JULIA: ¿Tu casa, no le ofreciste,
y cuando él se quiso ir
no le dejaste salir,
según tú mismo dijiste?

RAFAEL: ¿Y eso qué tiene que ver
para que ese calavera
nos persiga por doquiera
y nos haga padecer?

JULIA: Creo que comprenderás
que no sería decente,
despedirlo prontamente
existiendo la amistad.

RAFAEL: Ya lo sé, pero...

JULIA: ¡Paciencia!
Habrá que tener cabeza,
y evitar la ligereza
para obrar con la prudencia.
Poca educación sería,
o poca delicadeza,
decirle ya con presteza
y con grande grosería:
Sepa usted, señor viajero
que me enfada su presencia,
que no quiero su injerencia
en mis cosas, caballero.
Con que así, váyase usted,
dejándome en sana paz,
no vuelva a asomar su faz,
se lo pido de merced.
Tal vez no podrás creer,
si procedieras así,
que tu amigo diría: SI
ESTO ES CAUSA... ¡LA MUJER!

RAFAEL: Líbrame, por Dios te lo pido
de este empalagoso amigo
que me tiene ya aburrido.

JULIA: Está bien, buscaré el modo
de calmar tu buen deseo.
aunque difícil yo veo
que esté pronto remediado.

RAFAEL: Cuanto antes, mi bien procura
quitar la nube traidora.

JULIA: Recordarás que Zamora
no se tomó con premura.

RAFAEL: Yo no puedo así vivir
en aquesta situación;
pues el tedio y la aflicción
concluirán con mi existir..

JULIA: Tu amigo seguro está
de que le estimas, realmente;
que puede ser imprudente,
jamás reconocerá.

RAFAEL: ¿Qué de nosotros va a ser
y de esta nuestra casita,
si esta rémora maldita
no puede desaparecer?

JULIA: Deberemos meditar,
con mucho detenimiento,
cómo terminará el cuento
que tanto te hace rabiar.
Escucha:.... ten calma ya,
mi bien amado Rafael,
que este tu amigo Manuel

muy luego se marchará.
Que regresemos, conviene
ahora mismo a la ciudad,
pues tendré necesidad
de telegrafiar a Irene.
Esta digna amiga mía,
sobrina del Presidente,
tal vez será consecuente
para alcanzar, a fe mía,
que a ese pobre de Manuel,
que es tan buen abogado,
le den pronto un consulado
en el Cairo o en Argel.
Con aqueste nombramiento
tal vez él se alegrará
y es seguro aceptará
poniéndose muy contento.

ESCENA IV
(Entra Manuel por una puerta lateral).

RAFAEL: Te diré, amigo estimado,
que regreso a la ciudad,
por grave necesidad
de un asunto delicado.
Y tú quedarás aquí
de nuestra hacienda cuidando:
te divertirás, cazando
gacelas o el jabalí.
Para esas expediciones,
en que yo siempre soñé,
mi escopeta dejaré
con bastantes municiones.
Y cuando ya estés aburrido
de esta bella soledad,
te espera allá, en la ciudad,
este tu amigo querido.

MANUEL: Seré contigo obediente
al quedarme por aquí;
mas, si no te miro a ti,
me aburriré, ciertamente.

JULIA: (Entrando).
Adiós, amigo Manuel:
goce mucho aquí, en verdad,
no olvidando la ciudad
donde lo espera Rafael.
(Se despiden de Manuel, y salen por el fondo).

ESCENA V
(Manuel paseándose por la habitación).

MANUEL: Los dueños abandonaron
este nido encantador;
y a este eterno soñador
en la soledad dejaron...
Más no puedo permitir
que sólo marche Rafael,
ese amigo digno y fiel
a quien le acosa el sufrir.
Como corta es la jornada
a pie me regresaré;
y despacio, llegaré
en busca de mi posada.
Debo a Julia preguntar
qué es lo que abruma a Rafael,
qué pena le acosa a él
para poderla quitar.
Ella, como buena esposa
deberá saber a esta hora,
cuál es la pena traidora
que lo oprime asaz furiosa.

ESCENA VI

(El escenario representa el despacho de Rafael en in ciudad. Julia aparecerá sentada cerca de una mesa, cuan do Manuel entra por una puerta lateral).

JULIA: ¿Se vino al fin, don Manuel?

MANUEL: Les he seguido, señora,
para saber, sin demora,
qué es lo que le aflige a Rafael.

JULIA: Pues le diré con franqueza
que he podido descubrir,
lo que tanto ha hecho sufrir
a su amigo con fiereza...
Y como esto es un secreto
que no debe divulgarse,
tan solo podrá confiarse
a un amigo muy discreto...

MANUEL: Pues tenga usted la bondad
del secreto revelar,
el cual yo sabré guardar
con pureza y con lealtad.

JULIA: Está bien: comenzaré ahora
diciendo a usted que Rafael,
tiene allí un amigo fiel,
que como a usted él adora.
Ese hombre, que es bien honrado,
tenía vida dichosa, en compañía de su esposa
a quien siempre habrá estimado.
Mas hace poco llegó
a su casa un compañero,
de su vida de soltero,
a quien posada le dio.

MANUEL: Así cual lo hiciera Rafael
con este su servidor?

JULIA: Casi lo mismo, señor;
más era un perverso aquel...
Comenzó con leal franqueza,
como cuando era soltero,
a vestirse del ropero
de su amigo..

MANUEL: ¡Qué torpeza!

JULIA: Y como el posadero aquel,
era culto y educado,
se sintió mortificado.

MANUEL: ¿Así como está hoy Rafael?

JULIA: ¡Eso no le diré yo!

MANUEL: ¡Continúe su relato!

JULIA: Pues aquel amigo ingrato
nunca tal vez presumió,
que aquellos que son casados
no podrán, nunca, a fe mía,
vivir ni tan sólo un día
con amigos, ni.... allegados.

MANUEL: ¿Quién duda eso, mi señora?
Más, como empiezo a entender,
ya cesará el padecer
que Rafael tiene por ahora.

JULIA: ¡Pero, por Dios, don Manuel,
guárdeme usted el secreto!

MANUEL: Su amigo será discreto
y nada dirá a Rafael.
Pierda usted todo cuidado
pues se trata de salvar,
la paz hoy de aqueste hogar
que Rafael tanto ha buscado…
Queda escrita en la memoria
de este pobre de Manuel,
del amigo de Rafael
la penosa y triste historia.
(Hace una ligera reverencia y sale por una puerta
lateral)

ESCENA ÚLTIMA
(Entra Magdalena llevando una carta que entrega a Julia).

JULIA: (Leyendo la carta)
Dentro de ésta, ahora te
envío,
la credencial que me han dado,
do Manuel está nombrado
Cónsul del país, en Tokio...
Dile que debe marchar,
sin ninguna dilación,
en aquella embarcación
que el viernes debe zarpar...

JULIA: (A Rafael que entra).
Toma tú la credencial
que viene para Manuel,
pues debes dársela a él
para que pueda marchar...

RAFAEL: Eres tú, dulce Julita,
sin una exageración,
para mí, la bendición
que me aleja toda cuita.

JULIA: Un consejo te he dar
que siempre tú has de seguir:
y que allá, en el porvenir,
en mucho te ha de ayudar...
Si se presenta a tu puerta
un amigo desgraciado,
sírvelo con cuidado,
con amistad siempre cierta.
Proporciona a ese viajero
en un hotel la posada;
y con piedad abnegada,
socórrelo con dinero...
Más guárdate, buen Rafael,
de introducirlo en tu casa,
pues de seguro te pasa
lo mismo que con Manuel...
Porque la paz del hogar
no sólo tuya ha de ser
también es de tu mujer
y de tus hijos será.

(Entra Manuel vestido con el traje viejo que trajo cuando llegó por vez primera a casa de Rafael).

MANUEL: (Con emoción)
Costumbre vieja será,
tal vez impuesta por Dios,
eso de dar nuestro adiós
a todo aquél que se va....

RAFAEL: Pues qué. ¿te marchas, Manuel?

JULIA: ¿Y por qué nos deja usted?

MANUEL: Perdóname si abusé de tu bondad,
buen Rafael.

JULIA: ¿Se ausenta usted ofendido?...

MANUEL: Ni ofendido ni enojado;
pero quiero ir perdonado
por haber interrumpido,
la dulce paz del hogar
que ustedes han apreciado
más sepan que les ha amado
quien de aquí llorando vá
(Enjuaga una lágrima).
Al ausentarme de aquí,
lleno de justa emoción,
les llevo en mi corazón,
más no se olviden de mí...
No olvidaré yo jamás,
la franca hospitalidad,
que en nombre de la amistad,
me dieron aquí, quizás...
Y este pobre amigo fiel
la historia lleva consigo,
de aquel desgraciado amigo
por quien sufriera Rafael...

RAFAEL: Pues yo no consentiré
que tu dejes nuestro hogar...

JULIA: Y a Rafael debe aceptar
este pliego para usted.
(Le entrega la Credencial. Manuel lee el pliego).

JULIA: ¿Aceptará el consulado?

RAFAEL: Sí, Manolito querido.

JULIA: Este empleo he conseguido
para el amigo apreciado!.... te

(Manuel abraza a Rafael, da la mano a Julia y dirigiéndose al público, dice):

MANUEL: Lo acepto de corazón
 ofreciendo siempre ser,
 esclavo de mi deber
 en cualesquier ocasión.
 ¡Y hoy diré a los presentes:
 que viven mal los casados,
 entre amigos y allegados,
 o en medio de sus parientes!

(TELÓN RAPIDO).

FLORA Y FAUNA DE SANTA BÁRBARA

LA FAMILIA RURAL

Hablando el eminente escritor V. de Trací del funesto influjo que ejerce en la paz pública el desdén con que la juventud mira las faenas rurales, dice lo siguiente: El deseo general es dejar de ser campesino: la aspiración de todos es llegar a ser funcionarios públicos, parte integrante del Gobierno. Para ello hacen las familias los mayores sacrificios, porque sólo entónces creen que se ha llegado a ser alguna cosa, y he aquí por qué la tierra se encuentra abandonada por aquellos que podrían haberle fecundado con sus capitales y su inteligencia. La empleomanía, hija de un sistema vicioso de instrucción, produce resultados fortísimos, contribuyendo grandemente a comprometer sin cesar el reposo público, y a convertir su marcha regular en un problema espantoso para los gobiernos. A pesar de la cantidad infinita de empleos, este número es siempre muy inferior al de los pretendientes, que son de ordinario abogados sin pleito, doctores sin ocupación, hombres que aborrecen el trabajo.

Y los que no ven satisfechos sus deseos, desengañados, iracundos y revolviéndose en la desesperación, no hacen más que pensar en revoluciones políticas, con las cuales pueden mejorar de algún modo su suerte. Hemos citado las observaciones que preceden, porque creemos que el mal que ellas señalan existe en todos los países centro- americanos. Desconsolador es, en efecto, el cuadro que presenta nuestra agricultura a causa de la falta de familias agrícolas entre las gentes acomodadas de estos países. La civilización presente impone enormes sacrificios, a cambio de las ventajas que proporciona. Crecen de día en día las necesidades del Estado, y con ellas también los tributos necesarios para satisfacerlas; la moda obliga a las familias a gastos desconocidos, y su propio deseo, excitado por el mal ejemplo de la familia rica, las incita a disfrutar de comodidades en que no pensaban antes.

La satisfacción de esas imperiosas necesidades, exige que los pueblos no pierdan un momento; que utilicen todos los valores y que busquen nuevos recursos, lo cual no es posible, mientras la

Juventud, ansiosa del medro y fascinada por los placeres de las ciudades, siga mirando con desdén el cultivo del campo.

Es necesario que los gobiernos contribuyan a remediar el mal, dispensando a la agricultura toda la protección que ella merece Procúrese poblar las tierras incultas por medio de prerrogativa que atraigan las faenas campestres todos esos seres que pululan a en los grandes centros en busca de recursos. y de este modo se disminuirá paulatinamente la aglomeración que se advierte en las carreras científicas y esa fatal monomanía de vivir a costa del presupuesto.

Agricultores que vivís felices en los campos: no os dejéis engañar por el mentiroso resplandor de las ciudades, ni os dejéis seducir por sus saraos, sus conciertos y sus grandes espectáculos: no envidiéis esos palacios ni el fausto de los señores, pues bajo esos techos dorados, la tranquilidad y la dicha son ficticias, y solo son verdaderos los amargos desengaños que, cual cánceres roedores, atormentan el alma devorada por feroces ambiciones.

Si sois hortelanos, ¿qué placer puede compararse con el que vosotros experimentáis al contemplar vuestras lechugas y vuestras coles coronadas de rocío, y creciendo frescas y lozanas? Si sois jardineros, ¿dónde encontraréis los aromas que aspiráis cuando al rayar el alba, dáis una cava a vuestras plantas, y sentís vuestro rostro acariciado por el aliento embalsamado de sus flores?...

Si sois ganaderos, ¿dónde hallaréis cuadros más animados que los que os ofrecen las vacas que triscan y los potros que relinchan y retozan felices en medio de pastos dorados por la luz del sol... Si sois leñadores, y os internáis à lo más recóndito del bosque ¿qué armonía puede compararse con el eco que produce el golpe cadencioso de vuestra hacha y el estruendo aterrador del roble corpulento que al desplomarse aplasta y destroza en mil pedazos los árboles vecinos?

Si os sentís cansados, y os recostáis al pie de un árbol en medio de la selva umbría, ¿qué espectáculo puede compararse con esas parásitas que, cual canastillas de flores, prenden de las ramas, y con esos pedazos de cielo azul que os dejan entrever las copas de los árboles mecidas por el viento?

¿Qué melodía puede haber más dulce que la que gozáis sentados a la orilla del arroyo cristalino que se desliza gimiendo sobre arenas de oro? ¿Qué podrá compararse con ese puchero que hierve sobre el tronco seco del árbol que arde derribáis el cedro corpulento? Y si sois amigos de y chisporrotea mientras vosotros lo grande, ¿dónde encontraréis mejores espectáculos que esas montañas que afirman sus pies en ambos mares y van a ocultar sus crestas entre las nubes; esos valles cubiertos de eterno verdor y eternas flores; esos tersos lagos sobre cuya superficie se torrentes, que, al retratan las majestuosas selvas de la orilla; esos en fin, que se precipitan de lo alto de las montañas, y que al estrellarse contra los peñascos del abismo, se convierten en blanca espuma y forman iris de espléndidos colores?

¿Qué aromas pueden compararse con esas brisas impregnadas de salvia y de tomillo, y que al rayar el alba os atraen la deliciosa frescura del rocío que brilla como llanto matinal sobre las pampas? ¿Dónde, sino en el campo, podréis gozar de atmósfera esa empapada con el intenso colorido de los trópicos y de ese ambiente embriagador que exhala el seno de nuestras vírgenes florestas?

¿Dónde podréis sentir esas inefables emociones que experimentáis, cuando, después de concluir vuestro trabajo, os sentáis en el corredor de vuestra casa a contemplar el campo que sonríe cubierto de mieses cultivadas por vuestro brazo y regadas con el sudor de vuestra frente? Vuestra imaginación corre entonces de imagen en imagen y de sueño en sueño, y gozáis oyendo el regalado concierto de las aves que a la oración se recogen sobre las copas de los árboles vecinos, y esos sonidos misteriosos que vagan en la atmósfera cual ecos lejanos de canciones pastoriles.

Obreros del campo: no os dejéis fascinar con el mentido resplandor de las ciudades, pues en su seno no hallaréis jamás estas flores que nacen al pié de las colinas y a la orilla del torrente, la mariposa que flamea, el insecto que zumba, el manantial que brota, la luz que sonríe, ni cercados cubiertos de musgos y de rosas. Hijos del trabajo: amad y honrad vuestra profesión y atad a vuestros hijos al arado como a la fé de vuestros padres.

Labrad con entusiasmo vuestro suelo, y haced que produzca todo lo que puede y debe producir. Haced que imperen en vuestro hogar los principios de la eterna moral; que haya sencillez en las costumbres, afabilidad en el trato y sobriedad en la existencia.

Procurad hacer de los que os sirven otros tantos amigos, y ellos se sacrificarán con gusto para que vuestra heredad progrese. Tratad con cariño a vuestros animales para que ellos os ayuden mejor en vuestras faenas y os den productos más abundantes. Haced sin cesar cosquillas con el arado y con la reja a vuestras tierras, y ellas se sonreirán cubriéndose de frutos y de flores.

Agricultores centroamericanos: si amáis a vuestra patria, ennoblecedla y glorificadla con vuestro trabajo, para que el extranjero que llegue a nuestras playas, regrese a su hogar diciendo que ha visto un país hospitalario, hermosos trabajos agrícolas y honrados labradores.

FAUNA SANTABARBARENSE VERTEBRADOS.—MAMÍFEROS SOLÍPEDOS

Comprende esta familia el caballo, la mula, mula roma, la yegua y el asno. El caballo (Equus caballus), no es objeto hasta ahora de mucha atención, pues son pocas las personas que los poseen. No hay cuidado en el mejoramiento de las bestias caballares.

Las mulas son fuertes y resistentes, cualidades que tiene también el macho. Ambas bestias se las emplea en los caminos fragosos para el transporte de cargas. Muy pocas personas hacendadas se dedican a la crianza de bestias. Las que se obtienen en el departamento, proceden de los departamentos del sur, o bien llegan de venta de El Salvador o de Nicaragua.

El asno (Equus asinus), se utiliza exclusivamente para la producción de las mulas. Las yeguas, como las mulas romas, se encuentran en muy reducido número en las pocas haciendas que tiene el Departamento.

FIERAS en nuestras montañas, abundan: El jaguar o tigre americano (Felis onza); el puma o león americano (Felis concolor); el zorro (Canis vulpes); la hiena (Canis hyena), que el vulgo llama cadejo, atribuyéndole cualidades diabólicas. Este animal se alimenta de cadáveres, y únicamente vaga por las noches en los cementerios y otros lugares solitarios.

El Gato montés (Felis catus), se parece al lince, pero no tiene penacho, siendo más pequeño y su cola más larga. El Pizote solo (Nasna cucordhycas) y el de manada (Nasng socialis); el Gato doméstico (Felis doméstica) y también está el perro.

ROEDORES: El Conejo (Lepus cuniculus), posee las extremidades posteriores más altas que las anteriores, lo que lo hace veloz en la carrera. El Ratón (Mus musculus), vive en las casas haciendo daño a los almacenes y graneros. También hay ratones monteses que habitan en las montañas, en donde causan enormes daños en las plantaciones que se hacen en ellas. La Ardilla común (Sciuru vulgaris), causa bastantes perjuicios en las fincas de cacao, así como en las milpas y bananales.

La taltuza, vulgarmente llamada tumbo, es nociva a la agricultura. Roe las cepas de plátano, causando ruinas de consideración. La guatusa perjudica en los maizales.

INSECTÍVOROS: De esta familia podemos mencionar: el Erizo (Erinaceus europoeus), es un animal nocturno, de cuerpo cubierto de fuertes y agudas púas con las que se defiende de sus enemigos. En las noches calurosas del verano, se pueden oír los gritos inarticulados que lanza este animal en las orillas del río Ulúa.

SUIDOS: Los cerdos o suidos son animales de tamaño regular, hocico truncado, terminado en una trompa móvil, propia para hozar. Tienen la piel cubierta por pelos ralos y rígidos. A esta familia pertenecen: El Jabalí, el cerdo doméstico, la Jaguilla (Sus americanus) el tepezcluintle (Sus coelogenis).

PAQUIDERMOS: Vaga en las montañas del departamento, el tapir 0 danto (Tapirus americanus), que recibe también otro otros nombres como los de vaca de montaña, gran bestia, danta y bagras. La carne de este animal es es usada únicamente por los indígenas a causa del mal olor que tiene.

DESDENTADOS: El Armadillo (Dasypus vulgaris), el perezoso y el perico ligero se desarrollan en las vegas de los ríos.

QUIRÓPTEROS: El Vampiro (Desmodus rufus) y el murciélago común, habitan en las cavernas o en las copas de los árboles.

SIMIOS: El tití (Chysothix); el mono aullador u olingo (Cebus hipolencus); el mono de cara blanca, el mico común y el mono de noche, existen en profusión en las diversas montañas de nuestro departamento.

AVES PREHENSORAS: Las aves más importantes, son: La Lechuza (Strix fanunea o Nycticori nóctua); el zopilote (Vultur aurea); el quebranta huezos (gipaetus barbatus); el gavilán (Astur palumbarius); el estiquirín y el tincute o zopilote cabeza colorada.

TREPADORAS: El cuclillo (Culculus canorus); el cheje, jorototo o carpintero (Champepilus hondurensis); el quetzal (Calurus resplendeus), y el tucán vulgarmente conocido con el nombre de pico de navaja (Rhamphasstus tucán), se encuentran tanto en las montañas como en las selvas próximas al Ulúa.

PÁJAROS: Hay diversidad de pájaros; pero los más comunes o conocidos, son los siguientes: El Martín pescador o ispida (Alcedo íspedo); la golondrina (Trigla irundo); la Urraca (Corvus pica); el zorzal o tordo (Turdus musicus); el Cardenal rojo (Paroaria cucullata); el sanate (Piaya mehlorí); la chorcha (Scolopax rusticola); el guardabarranco; el zenzontle; el pájaro mosca; la oropéndola; tordos; el martín del río; el chilero, el tijul, la peana o pampía y el pájaro arrocero. Hay en los pueblos de Ilama, Gualala y Ceibita, un pájaro parecido al zorzal, que canta noche y día sin descansar un solo momento, y que aparece únicamente en las grandes inundaciones, o cuando la viruela o el cólera han visitado estos lugares.

Por esta causa le han llamado los indígenas el pájaro del cólera o de la viruela. También se oye cantar ese pájaro cuando estalla la guerra ci vil en el país, y su canto triste y monótono, llena de aflicción a las madres y esposas de los soldados que andan en la campaña. Hay otros pájaros conocidos con los nombres de pájaros bobos, pucuyos o martín caballero, pájaro león, golondrina de río, jilguero, pito real y azacuanes.

PALOMAS: En los bosques existen: La tórtola (Turtus auritus): In tou.

GALLINÁCEAS: Las más conocidas de esta familia, son: El Pavo común (Meliagris gallipavo); pavo montés o paujil (Tetras urogallo); perdices (Perdiz rubra); codorníz (Tetrao cotur-nix), y los gallos y gallinas domésticas. También pueden mencionarse: las chachas y los gallitos de montaña.

ZANCUDAS: En las márgenes de los ríos habitan: La Garza (Ardea Nyticoris); el alçarabán (Ardea stellarys) y las cocoleas (Ardea hondurensis), de hermoso plumaje, de fuerte pico y de grandes patas.

PALMÍPEDAS: El pato acuático (Anas silvestris), abunda en las riberas del río Ulúa. También merece citarse el pato doméstico (Anas auser), y el nagarote.

REPTILES: Existe una gran variedad de ofidios en nuestros bosques y selvas. Los más conocidos, son: La sierpe verde (Philodrias viridísimis); la víbora de coral Elaps corallinus); la víbora común; serpiente de cascabel; terciopelo; barba amarilla o devanador; zumbadora, suma mica; molonco, tripa de gallina, guarda camino o pacaya, tamagaz de cerro y bejuquillo.

SAURIOS: Pertenecen a esta familia: La lagartija verde (Lacerta viridis); el lagarto (Cocodrilus vulgaris); el garrobo, la iguana, el charancaco, la petatera, el talconete, animal muy bravo y venenoso, que, al enojarse, lanza a distancia una parte de la cola.

FLORA Y QUELONIOS: Únicamente se conocen: La tortuga terrestre (estudo groeca); el culuco o tortuga hi cotea (Testudo comunis).

PECES: En los diversos ríos que tiene el departamento, se encuentran; La Anguila (Anguila vulgaris); sardina común (Parva sardinia); sábalo, tepemechín; el cuyamel, pescado blanco, robalo, dormilón, sábalo real, cheta, chunte, corbinata, bagre y el pez sapo.

BATRACIOS: El sapo común (Bufo vulgaris); el sapo verde (Bufo viridis); la rana (Hyla), y el sapo buche o bufón (Bufo hórrida), son los más conocidos que tenemos.

INVERTEBRADOS GUSANOS: Los principales son: La Tenia o solitaria (Tosnia solium); el botriocéfalo (Batrio cephalus latus); Ins lombrices intestinales (Ascaris lumbricoides); los Oxyuros o bichos (Oxyuris vermicularis); la triquina o semi- Ila (Trichinia spilalis); las sanguijuelas (Irudo trocthina); y las lombrices de tierra (Lombricus terrestris).

ARACNIDOS: Pueden citarse: Los aradores (Sarcoptes scabieri); los escorpiones (Burthus eu copaens); las garrapatas, garrapatones o petacones (Ixodes americanus); la tarántula (Licosa tarántula); la araña común y pica caballo, que tantos daños ocasiona en los ganados.

CRUSTÁCEOS: En los ríos se encuentran: El cangrejo (Carcinus maenas); el cangrejo de río (Astacus fluvialilis); camarones o chacalines y las cholaicas.

ARTROPODOS: Merecen mencionarse: La Abeja (Apis mellifica); la langosta (Acridium peregrinum de Olivier); los termes o comején (Termes bellicosus); el grillo (Gryllus domésticus); la cantárida (Chantaris vesicatoria); la cucaracha (Blatta americana); la hormiga león (Mirme león formide las aves de cocarius); el gorgojo (Calandria granaria); el Cocuyo (Phyrophorus noctilucus); el piojo (Phtyrius pubis); el piojillo la cochinilla del nopal (Coccus cactirral); (Philopterus pallidus); las cigarras, vulgarmente llamadas chicharras, tocorones o chiquirinés (Cicada plebeja); las chinches o talajes (Simex Lecturarius); la mosca común (Musca doméstica); la mosca verde (Musca viridis); el tábano (Tábanus vobinus); el mosquito (Culex pipiens); la pulga (Pulex irritans), que ataca al hombre; la pulga del perro (Pulex canis); la pulga de nigua (Pulex penetrans). También pueden mencionarse: el zancudo, el zancudo de gusano, la diversidad de avispas, la hormiga, el saltamontes, las tijerillas, el escarabajo, las mariposas, el ciento piés y la escolopendra.

MOLUSCOS: En los ríos se encuentran: La almeja de río (Unio pictorum); la babosa o limaco rojo [Arium limax], los caracoles y los jutes.

INFLUJO DE LA AGRICULTURA EN LA SUERTE DE LOS PUEBLOS ANTIGUOS Y EN LA DE LOS PUEBLOS MODERNOS.

No hay profesión más noble que el cultivo de la tierra. La agricultura es estable como el suelo que le sirve de base, pura como el sol que la ilumina, y libre como el aire que la fecunda.

Vigoriza la razón, fortifica el carácter y eleva el alma al Creador con el espectáculo continuo de las maravillas de la Naturaleza. La agricultura es la base de granito sobre que reposa el Estado. — Drouyn de Lhuys.

¿Qué era el hombre antes de dedicarse al cultivo de la tierra? Desnudo y desarmado en el momento de la creación, puede decirse que era inferior a los demás animales, con los cuales no podía luchar. Ciertamente que el Criador le dió un cuerpo erguido; más esa actitud, de que tal vez podrá gloriarse la criatura humana, parecía contraria a la ley de la gravitación y era causa de que cayera con mayor pesadez.

Falto de garras para el combate, de agilidad para huir rápidamente, Dios le dió, sin embargo, inteligencia. La primera necesidad del hombre, la necesidad apremiante y perpetua, es la necesidad de comer, es el hambre, sobre todo en la época primitiva y dada la debilidad nativa de su organización.

Pasaba, en un principio, todo su tiempo en la persecución de los animales silvestres para alimentarse con sus carnes. La dificultad de alcanzar la presa a través de los interminables bosques de los primeros tiempos, le hizo reflexionar; posó la cabeza sobre sus manos, unió una idea a otra idea, enlazó una cuerda con una rama encorva, tendió el arco, y se valió de la flecha para matar a distancia. Vivió luego cazando, y constituyó la primera época de la civilización, pero ese régimen de vida era abundancia para hoy y hambre para mañana.

Amanecía el día siguiente, y los gritos del hambre le llamaron de nuevo a la reflexión; ésta le demostró en su camino ciertas especies de animales sociables, lentos, indolentes, y, por tanto, fáciles de domesticar. A partir de ese momento, toma el cetro Nemrod, es decir, el cayado, y de pradera en pradera, al alcance de su mirada, apacenta el rebaño de ovejas, cuya matanza regula de antemano y en proporción con sus necesidades.

Entra entonces el período pastoril, que constituye la segunda época de la humana civilización. A pesar de esta primera conquista, el hombre tenía que vivir sujeto al régimen de la ración, porque la producción de carne exigía tiempo, y el consumo avanzaba más rápidamente que la multiplicación del rebaño. El hombre tenía todavía que pasar con frecuencia en ayunas. Impelido entonces por la necesidad del progreso, y acosado por el sufrimiento, entró de nuevo dentro de sí, y la reflexión le señaló en la llanura una planta verdaderamente social, una planta cuya espiga, incorruptible de reproducirse hasta el infinito, podía alimentarle todo el año, a cambio de una temporada de trabajo. Pasó entonces el Patriarca, de la vida pastoril a la vida agrícola, y penetró en un nuevo período de civilización. El hombre roturó, labró, sembró y concluyó al fin con la tierra un pacto de alianza perpetua. Hasta entonces había vivido completamente errante y vagabundo, pero desde el momento en que traza el primer surco, se adhiere a una comarca y escoge una residencia, obedeciendo al deseo de concentración y de reposo.

Descuaja bosques, quema las malezas, construye chozas, y trasporta a sus puertas los árboles predilectos por su sombra y las plantas cuyos frutos halagan más su paladar. Cerca de la primera choza, construyen otros las suyas; se forma así la tribu agrícola para defender la mies contra las tribus vecinas; se levantan sobre las colinas, ciudades; se dividen las tierras y son más cuidadosamente cultivadas. Egipto fué el país que primero ensanchó los horizontes de la agricultura.

Sus habitantes aprovecharon las inundaciones del Nilo para hacer sus siembras, y fueron tantos los beneficios que aquel pueblo derivó del cultivo de la tierra y de la ganadería, que por gratitud tributó culto a ciertas plantas y elevó altares a los animales que más provecho le proporcionaban. Con el trascurso del tiempo, los egipcios erigieron ciudades opulentas a orillas del Nilo, y reinó por todas partes la abundancia de que son testigos elocuentes las Pirámides. Por la agricultura se desarrolló la civilización, y el número de los habitantes de Egipto creció tanto, que llegó a ser excesivo en proporción al territorio cultivable. Esa exuberancia de población promovió una corriente migratoria que, arrebatada por el espíritu colonizador, se dirigió a la Grecia a Cout las regiones más feraces, y con su palabra y con su ejemplo civilizaron a los naturales, les enseñaron el cultivo de la tierra y los hicieron poderosos.

Hubo una época en que la población de Italia fué esencialmente rural, laboriosa y apacible. Los habitantes se ocupaban de la labranza y de la pastoría, y la importancia de los ciudadanos se medía por el número de rebaños que poseían y por las yugadas de tierra que labraban. La vida social tenía en Italia un carácter campestre sumamente pronunciado. Las relaciones entre amos y criados eran de familia, y la historia lo mismo que la poesía, presentan los sucesos de la vida pública de aquella época en medio de los campos, a orillas de los ríos y a la sombra de espesas arboledas. En el territorio que media entre el mar Adriático y el de Toscana, y desde el estrecho de Mesina hasta la elevada cordillera de los Alpes, había más de 200 ciudades florecientes sostenidas por la agricultura.

El trabajo asiduo de los agricultores italianos y el conocimiento práctico que tenían del género de cultivo más conveniente a cada región, fué causa de que cada comarca se hiciera célebre por una producción especial. Los volscos y los amonios fueron famosos por sus viñedos y sus vinos; Benafro, por sus soberbios olivares; la Liguria, por sus pieles y su miel; Polencia, por el vellón de sus ovejas; Sicilia, por sus grandes cosechas de granos; la Apulia, por su abundancia de pastos, y la Sarsina, por el incontable número de sus rebaños.

Debido al estado floreciente de la Agricultura, el comercio con el extranjero tomó un vuelo extraordinario; Génova y Niza hacían grandes negocios con los cartagineses, y Sicilia traficaba en grande escala con los griegos. Pero así como el cultivo de la tierra civiliza y engrandece a los pueblos, el abandono de la Agricultura es causa de su decadencia. Ejemplo de esto es la fundación de Roma. La aparición de aquella gran ciudad, fué causa de que los agricultores abandonaran las faenas campestres, para ir a la guerra o tomar parte en las intrigas cortesanas.

Los propietarios se trasladaron a la ciudad, llevando consigo sus tesoros, sus clientes y sus libertos, y dejaron así despoblados los campos. Minaron los vicios paulatinamente a los habitantes, y los pueblos rurales fueron víctimas del hambre y de la peste. Los patricios abrumaban a sus colonos con impuestos, para sostener un lujo extraordinario; los colonos conciliaron un odio acendrado contra los patricios que los sacrificaban, y ambos culparon a los Reyes. Cayó al fin la Monarquía, y con el establecimiento de la República se avivó más aun el espíritu político de los ciudadanos; la clase agrícola abandonó los trabajos rurales para engolfarse en las luchas del foro; los plebeyos se igualaron con los patricios, y el resultado de tanta aberración fué que los campos quedaron incultos y la desolación se extendió por todas partes.

Tocó a su fin la República, pero su desaparición no remedió el mal; de la decadencia más alarmante. Agricultura continuó a paso cada día Vino finalmente el Imperio, y durante este nuevo régimen, el pueblo despreció cada día más el cultivo del campo. El gobierno trató al agricultor como bestia de carga, y a la vez que arruinaba la agricultura arrebatándole los brazos, empobrecía a los propietarios con impuestos excesivos.

El número de hombres asalariados llegó a sobrepujar al de los contribuyentes; crecieron los presupuestos; los campos cultivados se convirtieron en selvas y la desolación cundió por todas partes. La calamidad pública y el duelo universal llegaron por fin a su colmo, cuando el azote del censo descargó sobre aquel pueblo infortunado. Esparciéronse por todas partes los censores cual otros tantos enemigos; medían los terrenos; contaban las cepas de las viñas; anotaban los animales de toda especie y empadronaban a los hombres. Para practicar esta operación, amontonaban a nobles y plebeyos en las plazas públicas, y las familias se confundían allí con sus hijos y esclavos cual otros tantos rebaños.

Por todas partes resonaban el tormento y el azote; los hijos eran colgados para obligarlos a deponer contra sus padres; los esclavos más fieles eran atormentados para hacerlos acusar a sus señores, y hasta las mujeres eran obligadas a denunciar a sus maridos. Por este bárbaro medio, se les arrancaban a las víctimas confesiones de bienes que no poseían y que sin embargo se anotaban. Ni la edad, ni la falta de salud podían servir de excusa; los enfermos que no podían acudir por sus propios pies, eran llevados en hombros. Los censores fijaban a cada uno su edad, añadiéndole años a los niños y rebajándoselos a los viejos, para exigir así mayor impuesto.

¡Qué lección tan tremenda para las naciones que dejan morir su agricultura! ¡Lo que fué del mundo romano, eso mismo será de los pueblos modernos que desprecien el cultivo de los campos! Grandioso es el concepto que las sociedades modernas tienen de la agricultura, por la poderosa influencia que ella ejerce en el bienestar de las familias y en la prosperidad de las naciones. El cultivo de la tierra proporciona a los pueblos medios para la subsistencia;

126

abastece de materias primas a la industria; provee de frutos al comercio; convierte los eriales en prados, huertas y jardines, y transforma las selvas en campos de inagotable producción. La Agricultura fija la planta de los pueblos errantes y suaviza sus Costumbres; contribuye poderosamente a mantener la paz en las naciones, y es, en fin, una rica fuente para los artistas y los poetas, que en la belleza de los campos encuentran su más sublime inspiración.

La historia ha demostrado el benéfico influjo que la Agricultura ejerció en la civilización de los pueblos antiguos, y la corrupción y la miseria que su abandono produjo en el seno del pueblo romano. Aprovechando las sociedades modernas esa severa lección, y reconociendo por su propia experiencia la estrecha relación que existe entre el estado del cultivo y bienestar de los pueblos, han elevado la Agricultura a la categoría de una ciencia.

Al cultivo del esfuerzo muscular y de la rutina, ha sucedido la labranza perfeccionada, auxiliada por la mecánica y ejercida por poderosas asociaciones dotadas de capital y de medios eficaces para fomentar su adelanto progresivo.

En su evolución, la Agricultura ha entrado en relaciones más íntimas con las ciencias, de las cuales recibe hoy auxilio de valor incalculable. Por medio de la mecánica agrícola, las labores cuestan hoy ha llegado a suplir la fuerza muscular con la electricidad. Se trasporta a largas distancias la fuerza motriz por medio de hilos conductores, y así labran, trillan, acarrean, extraen agua de pozos y practican las demás operaciones de sus granjas. La Química analiza los elementos constitutivos de la tierra, enseña al agricultor la manera de devolver a ésta su feracidad perdida. La Física pone a disposición del labrador la luz, el calor y el viento, y estos elementos obedecen sus mandatos y le ayudan en sus faenas.

La Fisiología le enseña las funciones propias de cada músculo del buey y del caballo y las pérdidas que estas reses sufren con el esfuerzo y el trabajo. La Zootecnia le demuestra el influjo que ejercen las leyes de la herencia y del atavismo en la descendencia, y le enseña a formar razas con aptitudes especiales para la producción de carne, de leche y de trabajo. El Microscopio le permite descubrir la anatomía de las plantas, y le pone de manifiesto la influencia que ejerce la cal en la composición de los abonos.

Ese mismo aparato le demuestra cómo se verifica el fermento, y le enseña a conservar los vinos. Por medio del Microscopio, M. Pasteur ha penetrado en la vida íntima de los microbios y ha puesto a los ganaderos a cubierto del mortal contagio que destruía en poco tiempo rebaños enteros y dejaba al ganadero hundido en la miseria.

El vapor y el ferrocarril ponen en contacto a las naciones, facilitan el comercio y estrechan las relaciones de los pueblos. El telégrafo le permite lanzar la palabra instante y averiguar el estado de polo a polo en uno de los mercados para mandar sus productos a donde encuentren más demanda. Finalmente, la imprenta le facilita los medios para instruirse, y sacar mayor provecho de sus labores. En la antigüedad, cada agricultor trabajaba por sí sólo y para si sólo; ni sus observaciones aprovechaban a los demás, ni él podía utilizar los adelantos ajenos.

En la actualidad, ¡qué distinto! Todos discurren y trabajan para todos, pues no hay mejora ni adelanto que no sea patrimonio de la humanidad entera, por medio de la Prensa. En todos los pueblos civilizados se nota el carácter progresivo de la agricultura. Melchi distribuye el abono en forma de lluvia; Siemens aplica la electricidad a la labranza; los gobiernos abren caminos, fundan, escuelas agrícolas y granjas-modelos; el espíritu de asociación construye ferrocarriles, abre canales de riego, funda bancos agrícolas e hipotecarios, fleta barcos y trasporta la fosforita de España, el guano del Perú, algas marinas, huesos y otros elementos importantes para enriquecer las tierras. Incalculables son los esfuerzos, la inteligencia y el capital que hoy se aplican en todos los países civilizados al fomento de la agricultura.

Crece por todas partes la emulación y el progreso se realiza, tanto en la pequeña heredad, como en las grandes propiedades. La iniciativa individual, el poderoso espíritu de asociación y los gobiernos comprenden la importancia del cultivo agrario, y procuran fomentar su desarrollo por todos los medios que tienen a su alcance. ¡Cuán vastos son los dominios de la Agricultura en la época presente! La labranza no es una operación aislada, la res no es simplemente una unidad pecuaria, ni el producto elaborado un elemento circunscrito; la faena campestre, el animal y el artefacto agrícola, constituyen hoy una síntesis fecunda de donde irradian oleadas de riqueza, y por eso convergen hacia el progreso de la Agricultura las ideas de todos los sabios, las leyes de todos los gobiernos y los esfuerzos de la moderna civilización. ¡Bienaventurados los pueblos agricultores, porque de ellos será el reino de la paz y de la abundancia!

EL AGRICULTOR HISPANOAMERICANO.

De los productos más notables y abundantes de la Flora Santabarbarense

PRIMERA SERIE

Maderas de construcción: Las más importantes son: el caoba, cedro, guachipilín, cabo de machete, cortés, laurel, mora, guapinol, ronron, chichipate, quebracho, madre de cacao, palo de maría, guanacaste, níspero, tempisque, bálsamo, jícaro, paraíso, ceibo, ceibillo, guayabo, pimienta, pimientilla, zapotillo, nisperillo y funera.

En la montaña de Los Bancos, Municipio de Santa Bárbara; en Malera, jurisdicción de San Francisco de Ojuera: en El Pinal y Limón, Municipio de Ilama, y en los de Chinda, Colinas, San Nicolás, Naranjito, Concepción del Norte y Arada, abundan las maderas antes mencionadas. Lo que falta para la exportación de ellas, son los caminos carreteros.

SEGUNDA SERIE

Maderas de ebanistería: Se utilizan: el caoba, cedro, granadillo, ciruelillo, mora y muchos de los árboles indicados en las maderas de construcción.

TERCERA SERIE

Maderas de tinte: Masaste, cuyas hojas rojas suministran una tinta encarnada indeleble que les sirve no solo para teñir la palma que usan para la fabricación de sombreros, sino que también la utilizan para cambiar el color de las telas de algodón.

CUARTA SERIE

Árboles o plantas medicinales: El anís, café, culantro, berro, jengibre, guayaco, manzanilla, orégano, ajo, yerbabuena, naranjo, copinol, romero, yerba miona, yerba del jate, come mano, hoja blanca, salvia, copalchi, quina, tamarindo, zarzaparrilla, cañafístula, yerbamora, eucaliptus, goma arábiga, grama, linaza, adormidera, cebolla, ipecacuana, ruibarbo, granado, llantén, guayabo, nance, etcétera.

En nuestros montes crecen las plantas denominadas Tres puntas y Mano de león, que los labradores usan en infusión en los cólicos y demás desórdenes intestinales. En el Municipio de Ilama crece una matita parecida a la Jicama, cuyos tubérculos son eficaces para curar el llamado mal de orina, así como es infalible para la inmediata desaparición de la blenorragia, por antigua que sea.

La pimienta se cosecha en enormes cantidades en los municipios de Ilama y de Gualala, de donde se exporta para Nicaragua.

QUINTA SERIE

Acerca de esta serie se ha dicho lo suficiente en la Flora, respecto de los árboles que suministran un producto industrial.

SEXTA SERIE

Árboles que producen frutos comestibles El café ha alcanzado en este departamento un grado de cultivo tan extenso, como no se había visto anteriormente. En los municipios de Colinas, Trinidad, Ilama, Concepción del Norte, San Nicolás, Atima, Arada, Níspero y Naranjito, el número de cafetos sembrados es enorme, así como la producción de los mismos. El café, dice, Mr. Lévy, es originario de Arabia y Abisinia.

Algunos piés fueron sembrados por puro interés científico en los invernáculos del Jardín de Plantas de París, a mediados del siglo XVII. A principios del siglo XVIII, el señor Declieux, Capitán de un buque mercante que iba a la Martinica, se llevó de París tres pequeñas plantas de café vivos. En la travesía dos perecieron, y el tercero fué salvado por un rasgo de abnegación inmortaliza para siempre su memoria, del Capitán, que habiendo sido sorprendido el buque por una calma extraordinaria, se vieron obligados a reducir a casi nada la ración diaria de agua de cada uno.

Sin embargo, el señor Declieux tuvo el valor de partir su ración con el pequeño pié de café, que pudo así llegar a su destino. De éste salieron los cafetales de las Antillas.

En 1819, el Gobernador de Costa Rica, Acosta, recibió de Cuba algunos granos, que fueron sembrados por el Padre Velarde, y se desarrolló el cultivo en esa República. En Nicaragua, el primero que sembró café en su hacienda con algún éxito, fué el señor Matus, en Jinotepe, en 1848.

En el departamento de Santa Bárbara se comenzó a cultivar por don Leandro Rosa y don Cenón Mencía, quienes trajeron de la capital de Guatemala, en noviembre de 1857, obsequiados por el Doctor Luna, algunos arbolillos de café, los que, con el tiempo, dieron suficiente almácigo para formar las fincas que hoy se encuentran en buen estado de producción en todo el Municipio de Ilama.

De este pueblo pasó el café a Colinas y Trinidad. El cacao se produce en este departamento, pero se cultiva en pequeña escala. El que se consume, nos viene del Negrito, en el departamento de Yoro. Los limones y las naranjas, introducidos por los españoles, se encuentran cultivados en pequeñas cantidades en todos los pueblos santabarbarenses. Las diversas variedades de anonas abundan en nuestros bosques; y los marañones, llamados también Manzanas de Cajú o de Caoba, amarillos y nácares, se desarrollan lozanamente, y dan, además de su fruta, la llamada goma de caoba. Producen también el aceite de cajú o de caoba que se halla entre la almendra y la cáscara del hueso. Se usa ese aceite en medicina. La almendra del marañón, tostada suficientemente, es comestible y sirve de base a varios almíbares.

La extensa variedad de los aguacates, zapotes, mangos, mameyes, papayas, icacos, granadas, manzanas rosas, el coco, caimito, jocote, níspero, almendro, higos, sunsapote, etcétera, forman la mezcla más variada de los árboles propios de la América y de los introducidos después por los conquistadores. Todos ellos se producen con excesiva abundancia.

Sería cansado el continuar enumerando las otras varias frutas que se cultivan en el departamento. Diremos únicamente que Dios nos ha prodigado sus favores, y que nos falta el arte para elevar la horticultura al rango que le corresponde.

FÁBULAS

EL PINO Y EL CLAVEL

Cierto pino elevado y corpulento
a un clavel vió a sus plantas que mecía,
sus leves tallos, llenos de alegría,
a las caricias de amoroso viento.

Y el pino altivo dijo con desprecio:
Te compadezco, mísero cuitado,
que levantarte nunca has procurado
porque eres vil, estulto, torpe y necio.

Y con calma el clavel le respondió:
Satisfecho, así vivo, compañero;
pues para ser dichoso, siempre infiero,
que la estatura en nada se ocupó.

Todo es cierto; mas también he creído
que envidia tienes viéndome en la altura.
Mientras a ti te cubre la basura
que de mis ramas la aurora ha desprendido.

¡Es verdad que mi planta está en la tierra,
pero mi aroma va derecho al cielo!
¡Soy el guardián del bosque con anhelo!
¡Ay! Mis efluvios el pensil encierra!

Y mis flores, modestas, primorosas,
siempre adornan los pechos virginales,
de las puras y tímidas vestales,
que con amor, las besan ruborosas.

¡Yo a las nubes elevo mi cabeza!
Yo entre las flores tímido me quedo,
porque ellas me dijeron con denuedo
que les place mi amor y mi belleza.

Árbol amigo... ¡Cuánta vanidad,
ese tu orgullo sin igual encierra!
¿No has comprendido que una misma tierra
nos brinda vida, luz, felicidad?

Depón, amigo, ese terrible ceño
y nunca olvides que si grande eres
hubo otro tiempo que, cual otros seres
fuiste arbolillo endeble y bien pequeño.

EL RATONCILLO Y EL GATO

Un ratoncillo enclenque y mentecato
divisó de repente a un fiero gato
que el campo escudriñaba a su sabor;
pues buscaba tal vez un alimento
que le sirviera pronto de sustento
en su vida de eterno cazador.

El terrible felino, ensimismado,
en explorar el campo enmalezado,
no se fijó en el infeliz ratón,
pues sobre él, veloz se habría lanzado
para engullirlo pronto de un bocado,
que aplacara de su hambre la aflicción.

Y al regresar el pobre ratoncillo
al ignoto y oscuro agujerillo
de su triste y humilde cuchitril,
a su madre dijo el mentecato
ser amigo de aquel gato
que ostentaba decencia señoril.

Si vieras qué rostro y qué mirada,
qué apostura tan noble y delicada,
tiene ese ser que tanto aprecio yo,
volarías, ¡oh madre!, con agrado,
a buscar la amistad de ese apreciado
hermoso y noble y sin igual señor.

No eres más que un necio turulato,
que te has prendado del terrible gato
que destroza nuestra raza ratonil...
si te columbra a tiro, a buen seguro,
te quita la existencia, te lo juro,
pues nos persigue con un odio vil.

Los malos a veces representan
una falsa honradez que ellos inventan
y que nunca en su pecho sentirán;
y sacrifican siempre a las criaturas
que trabajan con sus manos puras,
que malvadas jamás ellas serán.

LA CORNEJA Y LA OVEJA
Montose cierto día una corneja
sobre el cuello de una pobre oveja
y a picotearla furiosa comenzó;
y la oveja le dijo bondadosa:

¿Por qué si eres valiente y tan rabiosa
no te echas sobre un galgo o sobre un león?
Y el ave aquella díjole altanera,
atormentándola en su saña fiera:

¡Sólo a los mansos, perjudico yo!
Pero me guardo de aquellos animales
que son valerosos e infernales,
con alguien que audaz les atacó!

Así el cobarde con inicuo empeño
persigue siempre al débil, al pequeño,
o al que tal vez no se puede defender;
y huye del que es grande y es valiente,
porque puede vengarse velozmente
de su horrible y grosero proceder.

LA DISPUTA
Por una ladera
de un lejano cerro,
corría anheloso
un viejo usurero...

De oscura cañada
le sale Anacleto,
diciéndole: ¡Para,
primito! ¿Qué es esto!

¿No escuchas? —responde
con cara de muerto,
¡Cien bandidos vienen
mis pasos siguiendo!

—Sí —replica el otro,
sus formas yo veo;
mas, ¡son bandoleros,
cabeza de cuerno!

—¿BANDOLEROS —dices?
—Sí, viejo mochuelo,
serán bandoleros
pues vistos los tengo.

—Bandidos, son, vaya,
¿qué sabes tú de ésto?
—¡Bandoleros, digo,
estulto zopenco!
En esta disputa
les pillan muy quedo,
quedando apresados
nuestros dos mostrencos.

Los que por cuestiones
de poco momento
dejan lo que importa...
¡Llévense este ejemplo!

ESPERANZAS LEJANAS

EN un seminario había
un joven muy indolente,
que el castigo, diariamente,
en sus clases recibía.

Y por más que su Rector
su pereza castigaba,
aquel joven continuaba
portándose siempre peor.

Avisaron al Prelado,
lo que entonces sucedía,
y ante él llegó Juan García
humilde y avergonzado....

Si no quieres estudiar,
dijo grave el Diocesano,
en el próximo verano
de aquí te debes marchar....

Créame, Su Señoría,
dijo el joven con ardor,
que algún día, algún día
cantará misa García,
aunque lo dude el Rector.

LA GALLINA Y LOS CAIMANES
Érase una gallina bondadosa
que escarbaba en la arena, atribulada,
en busca de un granito de cebada,
para saciar el hambre dolorosa.

Removiendo las malezas con afán
el ave tropezó, toda azorada,
con una grande y sin igual nidada
de innumerables huevos de caimán.

Creyendo que de cisne ellos serían,
la gallina pobre y generosa,
a empollarlos,....se puso cariñosa,
sin saber que caimanes le saldrían.

Cuando los saurios su prisión dejaron
corrieron hacia el río presurosos,
sin escuchar los gritos lastimosos
de la madre que ingratos despreciaron....

Y la pobre gallina desolada
del río no dejaba la ribera,
creyendo que más de uno se volviera
a rodear a la madre abandonada

Al cabo de algún tiempo, los caimanes
a la playa, por hambre, ellos salieron;
y como allí a su madre presto vieron,
sobre ella se arrojaron como canes!...

Y allí expiró aquella ave bondadosa,
en medio de suplicios infernales,
devorada por esos animales
que había empollado buena y cariñosa

¡A cuántos seres esto mismo pasa
con los huérfanos que acogen cariñosos,
los cuales, al crecer, viles, rabiosos,
concluyen con su padre y con su casa.

ORGULLO INSENSATO
Al subirse un muchacho en demoniado
en una silla puesta en una mesa,
dijo henchido de orgullo y de torpeza:
-¿Quién, como yo, en la altura se ha encontrado?

Miro a mi padre como un pobre enano;
en corpulencia, a todos aventajo;
y haciendo muecas, aquel vil gusano,
con estrépito, vínose hacia abajo.

Al oír el tremendo baquetazo
que diera en tierra, el vil del mocozuelo,
exclamó un chusco: ¡Bien le fue a este lelo
al sufrir tan horrible carpetazo!...

Lo mismo pasa en este mundo ingrato...
con los que henchidos de un orgullo vano,
creen que no existe ningún ser humano
que destruya su orgullo mentecato.

FLORA Y EL NIÑO

Viendo un chiquillo la lujosa puerta
de un jardín que se hallaba medio abierta
se coló allí el perverso chiquitín;
y contempló las flores extasiado
creyendo el arrapiezo atolondrado,
que robarse podría algunas mil...

¡Allí existían las más bellas flores,
de todos los matices y colores
y de perfume suave, embriagador;
nardos, claveles, y variadas rosas,
violas, resedas, bellas tuberosas,
que el céfiro besaba con amor!

Flora, viendo del chico la locura,
le dice con amor y con ternura
que una flor tan sólo le ha de dar...
La rosa es la que el bicho aquel prefiere;
pero al cortarla, siente que le hiere
una espina que al pobre hace llorar.

¡Queda, dice, en tu zarza, infame rosa,
que otra hallaré sin púas,...más hermosa,
en este bello y celestial jardín!;
y aunque las fué mirando una por una,
aquel chiquillo, no encontró ninguna
que no tuviera espinas sobre si!

Pónese el chico a llorar amargamente
mientras Flora le dice dulcemente
con melodioso acento encantador:
—Buen muchacho: ¿No ves que desatinas
en querer hallar rosas sin espinas
en este mundo de penas y dolor....
Si deseas cortar alguna rosa,
quita primero con mano presurosa

la espina que te pueda molestar.
Y siguió el buen consejo aquel chicuelo,
porque llenó de rosas su pañuelo
sin que una espina pudiera a él.... pinchar.

¡Quién encuentra en la senda que caminos
escollos mil...o bien alguna espina
que le impiden su tarea consumar,
apártelos con valor y con paciencia,
y el fruto cogerá sin resistencia,
pudiendo así en la lid, pronto triunfar

EL ESTUDIANTE Y EL GUSANO DE SEDA

En un colegio había un estudiante
que lamentaba instante por instante
su terrible y dura reclusión;
y mirando como hilaba cierto día
un gusano de seda que tenía,
así le dijo lleno de emoción:

¿Por qué tú pasas hoy tan afanado
por quedar en tu capullo aprisionado,
sin gozar de la dulce libertad?....

¡No te afanes, por Dios, de esa manera,
y corre a retozar por la pradera
pues la dicha la finco yo en vagar!....

Y díjole el gusano: Si ahora ansioso
penetro en mi sepulcro tenebroso
repleto de esperanza y de gran fe,
es porque si hoy en él no estoy metido
y si no paso un tiempo allí recluido,
MARIPOSA TAL VEZ NUNCA SERÉ.

¿Deseas ser un joven bien instruido?
debes estar un tiempo muy recluido
en el templo sagrado del saber;
porque el joven que vaga libremente
de los vicios sigue la pendiente
que el mundo ingrato y vil le ha de ofrecer.

EL COMBATE DE LA VIDA
(DEDICADA A LOS MAESTROS DE ESCUELA)

Las nubes de humo ocultan la mirada
de los que el fuego mutilados deja;
y el estampido del cañón, aleja
los ayes de la víctima inmolada.

La suerte del ejército depende
de las piezas que están en la eminencia;
y el Jefe, valeroso, en su impaciencia,
el avance feroz, audaz extiende...

Y escogiendo la flor de su legión
los cañones les muestra con su espada;
y al vibrar la corneta entusiasmada,
grita el héroe: ¡Adelante batallón!

Dijo, y blandiendo el reluciente acero
al combate se lanza valeroso;
y su tropa, con bríos de coloso,
se estrella ante el cañón audaz y fiero....

Y caen los terribles cazadores
sin salvar del contrario la muralla;
y las filas deshace la metralla,
de todos los valientes luchadores.

En aquella sangrienta confusión

cayó el jefe, por tierra, destrozado,
y un capitán audaz, lo ha reemplazado,
al grito de: ¡Adelante batallón!

Y los héroes avanzan cual torrente
que agita furibundo el huracán;
y al rodar el valiente capitán,
como jefe, reemplázalo un teniente.

El enemigo al ver la situación
gracia quiere hacer de los vencidos;
pero éstos continúan siempre unidos,
al grito de: ¡Adelante batallón!

¿Quién, en aras de una idea
no sacrifica su vida
aunque reciba una herida
por más horrible que sea?

Cuando en mis grandes dolores
la esperanza se me aleja,
siempre evoco la conseja
de los nobles cazadores.

Y en medio de mi aflicción,
ante las penas que ruedan,
digo a las que aún me quedan:
¡Adelante, batallón!.....

LA MOSCA GLOTONA

Una mosca holgazana, andando a caza,
de leche... columbró una gran taza
que se hallaba en un rico comedor;
y en aquel lago retozando a nado,
después de haber mil tragos apurado,
la vil glotona ahogada pereció.

¡Así pasa en el mundo corrompido
al joven que insolente y atrevido
arrebata del vicio el huracán;
pues al fin tal vez de la jornada,
encuentra a la parca descarnada
que de un gran golpe cortará su afán!

TALES PADRES, TALES HIJOS…
Mil tormentos padecía
el anciano Juan Pagoada.
en una choza ignorada
donde el infeliz vivía.

Y aquel su hijo Sinforiano,
que nadaba en la opulencia,
nunca miró la indigencia
en que se hallaba el anciano.

El viejo, con ojos fijos,
mirando al lejano cielo,
decía en su desconsuelo:
"Tales padres, tales hijos".

Yo también abandoné
a mi padre desdichado
más, con mi hijo desgraciado
acuesta deuda pagué

EL HIERRO Y EL ORO
UN pedacito de oro fue arrastrado
por el agua impetuosa del torrente;
y en una grieta miróse de repente,
por un fragmento de hierro acompañado.

Y al verse con tan negro compañero
el rubio rey del mundo envilecido,
sintiéndose en su orgullo mal ferido,
al pobre hierro díjole altanero:

Apártate, caribe desgraciado,
de quien brilla con mágicos fulgores,
en las salas do moran los honores
o en la testa del regio potentado.

Yo soy el oro, el gran CONQUISTADOR
de voluntades en el mundo vano:
soy la ilusión del pobre cortesano,
soy cual LUZBEL, el ángel tentador.

De tu grandeza efímera, me río
si hay grandeza en ceñir la infame frente
del tirano feroz y prepotente
que al pueblo oprime con furor impío.

¿No te avergüenzas si en el pecho brillas
del asesino vil, profesional,
o si adornas en sucia bacanal
la honra convertida en mil astillas?

De tu grandeza, me burlo mentecato;
pues en tu vida, reyezuelo inflado,
un clavo de oro, nadie habrá ocupado
para el remiendo urgente de un zapato.

No te debe la estulta humanidad
más que dolor, desolación y guerra;
mientras que yo hago que la MADRE TIEREA,
dé sus cosechas llenas de bondad.

Sirvo de llave mágica al PROGRESO:
de mí se forma el hacha cortadora;

las máquinas, la audaz locomotora,
que combaten la inercia y retroceso.

Cuando fulguro en la hoja del puñal
tiembla en sus antros el feroz tirano;
y con el rifle, el pueblo soberano,
defenderá su honor y dignidad.

Y aseguran que el rubio despechado,
al escuchar la réplica inclemente,
bajó su altiva y orgullosa frente,
al mirar su poder desmoronado.

EL ADIVINO

A un villorrio de pobres labradores
arribó cierta vez un nigromante,
afirmando locuaz, el muy tunante,
que de raíz curaba los dolores.

Que las cosas ocultas descubría:
que el ignoto tesoro, él encontraba;
que el MAL DE OJO, ligero lo aliviaba,
y al que era su enemigo conocía.

Y al mirar que su agosto estaba haciendo
aquel temible y mísero farsante,
un chusco se le acerca vacilante
y le dice: Señor, vengo corriendo.
A decirle que el mulo le han robado
lo mismo que todo su equipaje.
Y el nigromante dijo con coraje:
¿Quién esta acción villana me ha jugado?....

Y poniendo los pies en polvorosa
tras el ladrón corrió nuestro farsante;
y el chusco dijo audaz y arrogante

a aquella turba estúpida y ansiosa:

Si el hombre ese nos dice que adivina
la suerte de todos los mortales,
¿por qué con sus artes infernales
no miró que la suya le es INDIGNA?

¡Muchos quieren los pueblos gobernar
cuando no saben arreglar su casa;
y otros quieren al vicio poner tasa,
cuando sus vicios quieren ocultar!

EL CANARIO PRISIONERO

En una hermosa jaula, prisionero,
do lanzaba su trino lastimero,
a un precioso canario una vez ví;
de quien su ama vivía enamorada,
por lo cual le mimaba entusiasmada,
entonando para él, canciones mil.

Le hace ver que en su jaula primorosa
está libre su vida tan preciosa
de un ataque del fiero gavilán;
pero el ave lloraba entristecida
su libertad, que veía ya perdida,
y que pensaba no alcanzar jamás.

Cansábale el monótono organillo,
y los fragantes ramos del tomillo
que su amita en su jaula colocó;
y al mirar por sus rejas, pensativo,
¿De qué sirven, decía, a este cautivo
las flores que esta niña me obsequió?

Ser libre yo he soñado noche y día;
y me figuro, en mi horrida agonía,

que ya alcanzo la bella realidad.
Las apariencias siempre he detestado
porque he visto que ellas han dorado
los grillos del que gime en la orfandad.

Cuando así aquel canario discurría,
le trae la niña que tanto le quería
un bizcocho muy grato de sabor;
pero se olvida de cerrar la puerta,
y la avecilla, al verla bien abierta,
veloz por ella, ingrata se escapó.

Se detiene jadeante en el tejado
para emprender su viaje suspirado
a la pradera que divisa allá;
pero no ve que un micifuz hambriento
se lanza vil sobre él, y en un momento,
se lo engulle con saña criminal.

Desconfiemos, carísimos lectores,
de los bellos halagos seductores
de una débil, dudosa libertad.
La sujeción es siempre muy prudente,
pues lejos de dañar a cualquier gente
la liberta del mundo y su maldad.

EL NECIO RICO Y EL POBRE SABIO

En un pueblo, cuyo nombre he olvidado,
moraba un rico necio e infatuado,
que pretendía a todos superar;
y allí mismo un gran sabio vegetaba,
a quien siempre el rico despreciaba,
por su ciencia y pobreza excepcional.

El rico, satisfecho y arrogante,
del sabio se burlaba a cada instante

diciéndole con desprecio aterrador:
—Buen hombre, no se canse, es muy debido
que sea el rico del mundo el preferido,
pues dispone del oro salvador…

Todo aquel que se precie de prudente
verá a usted como a un misero indigente
que en la vida, feliz, nunca será.
¿Qué mérito se encierra en ser LETRADO,
si el estómago está desamparado,
cuando las LETRAS nada le darán?

Leyendo sus sandeces... fácilmente
quiere usted deslumbrar a cierta gente
que le aplaude sus mentiras mil.
De nada sirve la ciencia sin dinero;
y siempre será usted un majadero
que morirá en su oscuro cuchitril...

Los hombres, como yo, cuya cocina
doquiera mata el hambre tan canina
del sastre, el zapatero, el mercader,
no se hallan, señor mío, a dos tirones
pues reparto a puñados los doblones
en empresas que me han de enriquecer.

¿Qué había de decir el literato
al Creso ignorante y mentecato
que su pobreza tanto denigró?
Calló; más presto se encontró vengado,
pues destrozó la guerra al potentado
que del mísero sabio se burló.

Quedó el rico en la calle, desvalido
entre aquellos que tanto había oprimido
para aumentar su fama y su caudal;
al paso que el pobre literato,

debido a su ciencia y a su trato,
fue apreciado por sabio sin igual.

Por eso nos demuestra la experiencia
que por más que sus fondos exageren
los tontos y su dicha nos ponderen,
más sólido valor tiene la ciencia....

HEROISMO PAGANO

Un romano de noble mirada
al combate llegar no quería,
pues al jefe, con ansia, decía,
que llevaba muy corta la espada.

Mas su madre le dijo rabiosa:
Si al contrario tu acero no alcanza,
siempre intrépido hasta él, fiero avanza
para hallar la victoria gloriosa.

El que por nada se afana,
o los que tímidos son,
recuerden, tarde y mañana,
lo de la madre pagana
en cualesquiera ocasión...

¡Porque en la hermosa defensa
de la Patria y del hogar,
sin esperar recompensa,
valor y energía intensa debemos todos prestar!.....

EL ARCO IRIS

A consecuencia de una gran tormenta,
Allá en el horizonte nebuloso,
surgió un magnífico arco esplendoroso;
que mil cambiantes en su seno ostenta.

Enriquito, que estaba en la ventana
al mirarlo, exclamó con alegría:
¡Durante toda la existencia mía,
no había visto cosa tan galana!

Cerca del viejo sauce, un poco abajo,
a orillas del intrépido arroyuelo,
descendió ese arco del lejano cielo,
que se afianza en el suelo sin trabajo...

¡Me figuro que todos los colores
que brillan en ese arco esplendoroso,
él los brinda solícito, amoroso,
al arroyo, a las plantas, a las flores!

¡Ay! Corriendo, tal vez recogeré,
en esta limpia y sin igual conchita,
de color, aunque sea una gotita,
que en una ánfora ufano guardaré.

Echó a correr el niño así engañado
hacia el sauce que borda el arroyuelo;
pero vió con hondo desconsuelo,
que el viento el arco había destrozado.

Calado hasta los huesos, él volvió
refiriendo a su madre lo ocurrido;
y estas palabras, su padre tan querido,
al inocente niño dirigió:

Los colores del iris, son debidos
a las gotas de lluvia que el Sol dora;
mas del viento la racha destructora,
deshace esos cambiantes bendecidos.

Esos matices hoy resplandecientes
nada sólido tienen de verdad;
y son cual la pompa y VANIDAD
que OSTENTAN en el mundo ciertas gentes.

EL BURRO PRESUNTUOSO

Un burro petulante e infatuado
conducía una carga de dinero,
por lo cual, el estulto majadero,
veía a sus colegas con enfado.

Y un alazán audaz y retobado,
que vió pasar al burro vanidoso,
lanzando un gran relincho estrepitoso
le decía, talvez, según discurro:

Aunque en su lomo cargue plata el burro,
siempre será un borrico tonto y soso!...

EL TRÉBOL DE JUDEA
(LEYENDA HEPRÁICA)

En el huerto, Jesús estaba orando
con su frente marchita sobre el suelo;
y sus ruegos llegaban hasta el cielo
por los hombres piedad siempre clamando.

Y sus santas y puras peticiones
el Creador complacido recibía;
admitiendo la sangre que ofrecía
por salvar del pecado las naciones.

Al levantarse el santo Nazareno,
dos gotas de la sangre de su frente,
cayeron en el cáliz inocente

de una flor que se hallaba en el terreno.

Y al salir, una voz imperceptible
oyó que le decía con dulzura:
Señor: he presenciado tu amargura
y tu enorme dolor indefinible.

Tus castos labios, Señor, tú has posado
en mis hojas sencillas e inodoras;
y tu sangre purísima ha regado
a mis flores humildes e incoloras...

Soy la planta más triste y más sensible
que engalana los campos de Judea;
y aunque con otras plantas yo me vea,
siempre me miran con desprecio horrible!

Si mis flores carecen de color,
tú que eres el Mesías verdadero,
puedes, Señor, ya que eres justiciero,
dar a mis flores celestial olor.

Y Jesús inclinó la vista al suelo
diciendo a la matita con ternura:
Ya que tu has presenciado mi amargura,
ya que la voz te ha concedido el cielo

Adornarán desde hoy tus flores finas
tres manchas de mi sangre bendecida:
y en tu cáliz, de púrpura teñida,
mi corona tendrás con sus espinas...
El perfume del lirio delicado
le concedo a tus flores primorosas;
y todas las miradas codiciosas
te buscarán con especial agrado

¡Señor! ¡Señor! Bendito siempre sea
tu dulce nombre, dijo la flor santa:
y de entonces aquella hermosa planta
lleva el nombre
de TRÉBOL DE JUDEA!......

EL DERVICHE OFENDIDO

De un Sultán el favorito,
lanzando una piedra enorme,
hirió a un derviche deforme
que cayó sin dar un grito.

La piedra hiriente guardó
al levantarse el golpeado,
después de que hubo exclamado:
¡Con ella te heriré yo!
Cuando perdió el favorito
la gracia de aquel Sultán,
el derviche, con afán,
pensó en vengarse el maldito.

La piedra aquella tomó
para herir a su ofensor;
mas una voz interior,
así al viejecito habló:

Del enemigo, jamás,
no te vengues afanoso,
porque si él es poderoso,
puede hundirte más y más.

¡Y si acaso tu ofensor
ya se encuentra en la pobreza,
será crueldad y bajeza
causarle un daño mayor!.....

LA MARIPOSA Y LA ABEJA

POR el ameno campo, cierto día,
un padre con su hijito se paseaba
y a las diversas preguntas contestaba
con admirable tino y energía.

¿Por qué será que la bella mariposa
que entre las flores vive revolando,
no puede, cual la abeja, ir acopiando
en un panal la miel tan deleitosa?

Esta pregunta al pensativo anciano
hizo su hijo con gran desenvoltura;
y replicó aquel viejo con premura
al arreglarse su cabello cano:
La mariposa que ahora va pasando
siempre vuela audaz por la pradera,
en alas de la brisa mañanera,
si el néctar de la flor no está libando.

Pero ese insecto, pobre y aturdido,
nunca acopia juicioso su sustento,
porque en sus juegos pasa muy contento
viviendo entre las flores divertido.

Mas, la humilde abeja laboriosa
todos los días pasa trabajando;
y de las flores siempre va sacando
para su prole, la miel dulce y sabrosa.

¡Nos enseña esta humilde moraleja,
que es antigua, muy cierta y bien juiciosa,
que el indolente parece mariposa,
y el ACTTVO será como la abeja!....

EFECTOS DE LA VIOLENCIA

EN una hojita, colgado,
un robusto gusanito,
de seda, estaba quedito
en su capullo encerrado.

Y un muchacho que sabía
que tal vez tarde o temprano
el inocente gusano
mariposa al fin sería.

¡Qué lenta transformación
y cuánto tiempo perdido!
dijo el pilluelo aturdido
con su maligna intención...
¡En esa piel estarás
por un tiempo ilimitado;
mas te digo, desgraciado,
que libre por fin serás!

Y unas tijeras tomando,
en sus manos, con premura,
la delicada envoltura
fue aquel perverso cortando.

Y pudo el niño observar
que aún las alas no tenía;
y de fuerzas carecía
para poderse arrastrar.

El pobre animal murió
al quitársele su abrigo,
por el perverso enemigo
que su evolución truncó.

Así hay en la sociedad

siempre un ser inconsecuente,
como ese niño impaciente,
rebosante de maldad.

Que quiere, con precisión,
transformar, con furia insana,
de la noche a la mañana,
la vida de una nación.

Hasta las ideas mejores
necesitan madurar,
para que puedan triunfar
sin obstáculos mayores.

¡Pues nos dicta la experiencia
y nos dice la razón,
que triunfa la PERSUACIÓN,
pero nunca la VIOLENCIA!

NOBLEZA DE RAZA

Cierto mulo, repulsivo e infatuado,
entre amigos su origen encomiaba;
pues su madre, decía, aseguraba,
que de Arabia su padre había llegado.

Mas, un pollino anciano y muy cazurro,
que oyó hablar al estulto vanidoso,
le dijo con tono fuerte y sentencioso:
¡Tu padre, no lo olvides, era un burro!

LA ENVIDIA ARTERA

Un gusanillo se deslizaba
entre la hierba que le libraba
del Sol radiante y abrasador,
cuando miróle feroz serpiente,
y al pobre insecto fosforescente
le hirió en el pecho con gran furor.

Al verse herido de esta manera
el gusanillo dijo a la fiera:
¿Por qué me matas? ¿Qué te hice a tí?
¡Porque tu brillas, pobre cuitado,
y yo en las sombras he detestado
lo que fulgura cerca de mí!

Así en el mundo, lector querido,
en todo tiempo han existido
fieros reptiles que dan pavor;
y que persiguen siempre rabiosos
a los que PIENSAN, a los VIRTUOSOS,
a los que guardan firmes, su HONOR!....

EL CASTIGO DEL INCONFORME

A la sombra de un níspero, un aldeano
acostado se hallaba un mediodía,
mirando una granada que pendía
de una parra trepada en un manzano.

Dicen que todo lo que Dios hiciera
está bien hecho, dijo aquel menguado;
pero al ver ese fruto tan pesado
que esa parra sostiene a su manera.

¡Que Dios se equivocó, yo sostendría,
pues al níspero, fuerte y prepotente,
las granadas convienen, justamente,
que él cargara con noble gallardía!

Y a esa parra endeble y delicada,
del níspero, los frutos yo le diera,
ya que sus guías el peso no rompiera
de esa fruta pequeña y apreciada.

Y haciendo aquestas reflexiones
un gran níspero verde se desciende,
que la nariz de aquel palurdo hiende,
saliendo la sangre a borbotones...

¡Virgen de Lourdes!, exclamó el aldeano
ante aquella desgracia inesperada...
¡Si me hubiera caído una GRANADA,
no me deja en la cara un hueso sano!

¡Este cuento tan viejo y verdadero
demuestra al más tonto y obcecado,
que todo, todo, está bien arreglado
por nuestro Dios prudente y justiciero!....

EL HOMBRE Y LAS DOS MUJERES

Don Francisco, el tremendo setentón
siempre ha vivido con la anciana Irene;
pero en su casa el viejo también tiene
a la necia y malvada Encarnación.

Peinaban al vejete cada día
aquella joven y la anciana indigna,
formaban ambas tremenda tremolina
por disputarse al viejo en su porfía...

Del buen hombre, el pelo era entrecano;
y, cuando la Conchita le peinaba,
los pelos blancos ella le arrancaba
para que aquel no fuera tan anciano.

¡Y cuando la vieja audaz le componía
la escasa y desplomada cabellera,
los pelos negros, la anciana traicionera,
cada ocasión la ingrata le destruía!

¡Y lo que resultó forzosamente
al poco tiempo con horror se vió;
ya que el anciano calvo se quedó,
como la bola del billar de enfrente!

¡No podía otra cosa acontecer!
¡Dar gusto a todos, es un imposible!
Ya que cada uno, en este mundo horrible,
su gusto PROPIO deberá tener!

¡Ay! Entre el joven y caduco anciano
habrá mediado siempre una distancia
de deseos, de indómita arrogancia,
al ver las cosas de este mundo vano.

Los jóvenes al viejo le odiarán;
y el viejo odiará a la juventud;
pues en su triste y negra senectud,
mira volar las dichas que se van!

¿No has oído como dice todo anciano?
El mundo era mejor en el pasado:
todo niño era entonces educado,
y no abundaba tanto el vicio insano.

Y los jóvenes arguyen con maestría.
Hoy siquiera se puede aquí vivir;
ya que el hombre se puede divertir
en la CALLE, en la CRÁPULA, en la ORGÍA.

LOS PARÁSITOS INFAMES
En el tronco de un árbol carcomido
un higo o chilamate[2] se creció;
y sustentando a ese hijo entrometido,
el árbol viejo pronto feneció.
Con la sabia del árbol bondadoso
el vil grosero pudo subsistir;
mirando con semblante desdeñoso,
al viejo a quien debía su existir…

Habrá seres de estirpe maldecida
cual ese higo carente de piedad,
que destruyen voraces en la vida,
al que protege su hórrida orfandad.

LOS RESULTADOS DE LOS PLEITOS
En una tarde poética de enero,
en un huerto que tiene la alquería
se hallaron un melón, Pedro y María
por el cual entablaron pleito fiero.

—¿Tuyo el melón? ¡Jamás! La fruta es mía,
Pedro gritaba encolerizado.
—No dices verdad… ¡Yo la he hallado!,
replicaba la intrépida María.

---

[2] Con el nombre de HIGO o de CHILMATE se designa un árbol de la familia de las EUFORBIÁCEAS, que se desarrolla muchas veces sobre otros árboles, ocasionándoles la muerte.

Y cada instante continuó creciendo
la disputa entre aquellos dos hermanos,
ya que hubieran llegado hasta las manos
si no interviene a tiempo don Rosendo.

—Voy a aquietaros —dijo prontamente,
arreglando con tino esta cuestión;
pues por necios tendréis de ese melón
las cáscaras, sin nada, solamente.

En pago, me reservo lo restante,
porque el que de pleitar tiene el exceso
debe pagar los gastos del proceso
como dice la ley al litigante.

LA PEREZA EN LOS ANIMALES

En algunas especies de animales
se ataca rudamente la pereza;
las abejas destrozan con fiereza
al zángano que come sus panales.
Al cuervo que comete un acto odioso,
le matan con furor sus compañeros;
y a los grajos, ladrones y rastreros,
los demás les persiguen sin reposo.

Los castores expulsan prontamente
al que no muestra ninguna actividad;
y al elefante torpe e sociedad,
sus cofrades le lanzan fieramente.

¿Y qué hacemos nosotros los mortales
Con la turba de tanto perezoso,
que ha formado el azote pavoroso
Que el ESTADO ocasiona tantos males?

VOX PÓPULI

Con un enorme garrote
Tranquilino a Meme dio,
un golpe que le causó
una herida en el cogote;
y tonto de capirote,
como el pobre Meme es,
a la cárcel le envió el Juez,
multando sin demora
¿Y díganme ustedes ahora
si el mundo no está al revés?

DE TAL ÁRBOL TAL ASTILLA

El hijo del bebedor
que se llamó Pedro Cacho,
ha resultado un borracho
de marca más que mayor…

Y al oír el ebrio la grilla
exclamó el viejo Beltrán:
—¡Qué bien indicó el refrán,
De tal árbol, tal astilla.

EL RETRATO DE DOS CARAS
(Chascarrillo histórico).

En la Costa el susurro sea extendido
que en el Sur el gobierno ha fracasado;
y que don Polo al solio ya ha llegado
después de un pleito audaz y bien reñido.

Don Pepito, el político gorgojo,
Va el triunfo enardecido celebrando;
Y una copa lo vemos obsequiando

En u salón do impere el color rojo.

En el sitio de honor, bien adornado,
en un cuadro en que audaz el oro brilla,
se columbra la efigie de Bonilla,
el jefe que a don Pepe ha deslumbrado.

Los corchos han saltado el champán,
en medio del bullicio y la alegría,
cuando llega el doctor don Juan Mencía
y les dice temblando con afán:

—Es un falso que Vásquez ha perdido
porque Tatumbla ayer ha recobrado.
—¡Pues doy vuelta al retrato malhadado
—dicen que dijo Pepe Confundido!

Y ante aquella asamblea palpitantes
al retrato dio vuelta aquel malvado,
resultando ante el público asombrado,
la silueta de Vásquez… ¡Arrogante!

Obrando así —exclamó aquel informal
procederé cuál hizo Duguesclín
porque en a vida habrá que ser, al fin
algunas veces verde… o liberal.

¡Cuánto hombres miramos por delante
que cual veletas inestables son;
que aventajan al feo camaleón,
al cambiar de color a cada instante.

EL PLEITO POR LA GUAYABA

Por la vega del río proceloso
bajo un palo de verdes guayabales,
uno en pos de otro marchan dos zagales,
de aire poblando y rostro receloso.

Una guayaba rica y perfumada
encuentra a su paso el delantero
lo visto por el otro compañero
se la disputa de una manotada.

Pero aquel se abalanza enardecido
sobre el amigo tenaz e insensato;
y se entabla terrible pugilato
hasta que llega el gringo John Wilfrido.
Al saber el origen de la riña
les dice con tono sentencioso:
—Pues cada uno de ustedes es un soso
que debiera lucir gruesa basquiña.

Si uno halló la fruta, es natural
que se la coma cuando pueda y quiera,
pues aunque el otro de deseo muera
debe el derecho ajeno respetar.

¡Si los caudillos que hay en esta Hibueras
el consejo siguieran de Wilfrido
mucha sangre no hubiérase vertido
en toda las pasadas montoneras!

EL IDÓLATRA Y EL CRISTIANISMO

Un pobre joven vivía
en la casa de un pagano
y, como era buen cristiano,
al idólatra decía:

—Sólo hay en el mundo un Dios,
Creador del cielo y de la tierra;
que enfrenta a la mar que aterra
y envía el rayo veloz.

Él mira nuestras acciones
y todos los pensamientos;
y calma los sufrimientos
y las crueles aflicciones.

Y podrá sólo Él curarnos
de cualesquiera dolencia,
pues puede en su omnipotencia
salvarnos o condenarnos.
Mas el pagano cerraba
sus oídos a la verdad;
y en su horrible ceguedad
en sus creencias se aferraba…

Cuando un día aquel salió,
el joven notable y cristiano,
con un garrote en la mano
varios ídolos quebró.

Y al ídolo más querido
por aquel pagano indigno,
armó el joven, con gran tino
con el leño maldecido.
De suerte que parecía
que el ídolo pavoroso
con un coraje espantoso,
hizo la carnicería.

Los ídolos que aquí habrá
de barro son fabricados;
y no pueden los menguados,
igualarse al gran Jehová.

Cuando el pagano volvió,
al ver sus santos destruidos,
lanzó horribles alaridos
y al vecindario alarmó.

—Tú hiciste esta picardía
—dijo el pagano rabioso…
—Su ídolo, que es milagroso,
fue el que hizo esta felonía.

—¡Pero si él nunca ha movido
mientras le he visto… ¡Una mano!
—¡Y no has dicho, vil pagano
que ese Dios te ha socorrido!

Feliz el que mira en Dios
a su padre verdadero,
y con fé recurre a Él
y con afecto sincero.

LA PROVIDENCIA DIVINA

En una noche lúgubre y lluviosa
por tortuoso camino va un viajero
que reniega del cierzo traicionero
y del agua que le azota pavorosa.

—Si existe un Dios magnánimo y clemente,
dijo e viajero aquel con ironía,
¿por qué permite que esta lluvia fría
Me cale hasta los huesos inclemente?

Mas de un relámpago a la tenue luz,
y a la sombra de un árbol del camino
distingue a un fatídico asesino
que le apunta con su hórrido arcabuz.

Pero al hacerle fuego aquel malvado
del arcabuz la ceba no encendió,
pues la lluvia la pólvora mojó,
huyendo aquel bandido desgraciado.

—Si esta lluvia no fuera tan lluviosa,
—dijo aquel perverso peregrino,
sin compasión me mata el asesino
en esta soledad tan espantosa.
Lo que sucede, Dios lo ha permitido
y sus designios debemos acatar;
pues no hay cosa que pueda resultar
sin que él así tal vez lo haya querido.

LOS PELIGROS DE LA LÓGICA

Un labriego que a su hijo había mandado
a México, las leyes a estudiar
no cesaba jamás de ponderar
lo que el muchacho había progresado.

Y cuando aquel llegó a las vacaciones
el labriego, poseído de alegría,
a su hijo mil regalos le tenía
de naranjas, sandías y mellones.

—Hoy nos dirás —el padre profirió,
qué materia con gusto has estudiado.
—Pues confieso que mucho me ha gustado
La Lógica —aquel joven murmuró.

—¿De qué trata esa cosa que es tan fea?
—exclamó con terror aquel anciano.
—Pues la Lógica enseña al ser humano
el raciocinio exacto de una idea.

Y como usted, tal vez en realidad,
no comprende cualquiera explicación,
con un ejemplo, creo, con razón,
demostrar lo que es Lógica en verdad.

Aquí dos huevos en la mesa están,
que usted los mira… —Viéndolos estoy
—Pues ahora a demostrarle pronto voy,
Que en vez de dos… son tres los que estarán.
Porque al número sigue la unidad
como al cometa su estela esplendorosa,
como a la tierra su luna tan hermosa,
como a Febo su grande claridad.

Con lo que he expuestos, queda demostrado,
así como en el cielo mora Dios
que estos huevos son tres en vez de dos
pues la lógica así lo ha probado.

Y el viejo, dando un huevo a su esposa
Se recetó de un sorbo el otro entero;
y a su hijo dijo: —Cómete el tercero,
que te brinda tu lógica engañosa.

LA CAÍDA DEL COLOSO

Puesto de pié, sobre el peñón saliente
El Señor de la sierra, el gran Lempira,
A los iberos díseles con ira
Con ronca voz, cual eco del torrente:

—¿Y qué han venido a hacer gentes extrañas
a esta mi bella y venturosa tierra,
sino buscar el oro que se encierra,
en sus valles y vírgenes montañas?

¿Por qué incendiáis, oh! míseros cuitados

todas las chozas de esta pobre gente,
y matáis con furor siempre creciente,
a mis vasallos nobles, abnegados?

¡ Con vosotros no haré nunca la paz,
ni me es dable hacer ningún tratado;
pues vuestra muerte el pueblo ha decretado,
y no os perdono... creédmelo...jamás!..

¡Un relámpago, vívido, seguido
de una horrible, mortal detonación,
hace rodar al héroe, del peñón,
a la base del cerro maldecido!

Y los miles de intrépidos guerreros,
que rodearon al Jefe valeroso,
mirando derrumbarse aquel coloso,
se desbandan cual tímidos corderos.

¿Por qué triunfan la astucia y la traición
cuando implacables tras el genio van?..
¿Cómo es que han muerto Hidalgo y Morazán?
¿Por qué murió Lempira en Congolón?

¡Indio glorioso, víctima inmolada
por salvar del país la autonomía:
dicen tu efigie en no lejano día,
nuestra moneda llevará grabada!

¡Disputaste al ibero la victoria
con tu esforzada y legendaria gente;.
si caíste al abismo fué con gloria,
como cae el indómito y valiente!

¡Duerme tranquilo el sueño de la tumba
soldado del honor, sobre tu escudo,
como debe dormir el que sucumba
firme y de frente, en el combate rudo!

174

LA FILOSOFÌA DE LA ACCIÒN

Cuando la guerra estalló
entre el tío Sam y España,
Mackinley, dicen con maña,
un mensaje redactó.

Para un general García
jefe de la insurrección,
que en Cuba, con decisión,
a los iberos abatía.

En montañosas regiones
aquel general se hallaba;
mas ninguno aseguraba
haber visto sus legiones.

Mackinley, el Presidente,
saber ligero deseaba,
si el cubano le aceptaba
rifles, cañones y gente.

¿Quién la carta llevaría
con valor a su destino,
si se ignoraba el camino
para encontrar a García?

Alguien dijo al Presidente,
con angustia y con afán:
¡Tan sólo el audaz Rowán
irá a Cuba velozmente!

Rowán al siguiente día
diz la carta recibió,
después que se le indicó
que la entregara a García.

Y el hombre aquel, obediente,
y sin poner una excusa,
guardó la carta en su blusa,
y se marchó velozmente.

De un bote desembarcó
allá en la costa cubana;
Y, en una hermosa mañana,
en la selva penetró.

Antes de concluir el mes
a la otra costa salía,
después de hallar a García
en la selva bayamés.

¿Sería valiente acción
la que el hombre ejecutó
cuando el mensaje llevó
con valor y precisión?

Esa acción tan meritoria
vaciarse en bronce debiera,
para que Rowán viviera
siempre inmortal en la historia.

Ya murió aquel General
que su a Patria defendió;
mas García, creo yo,
que hay en la vida mortal.

Concentrando su energía
y cumpliendo su deber,
todo hombre debe poder
llevar la carta a García…

El cobarde y el miedoso
mil obstáculos verán;
y jamás avanzarán
en este mundo engañoso.

¡Quién carece de entereza
de valor y de energía,
nunca llevará a García
un mensaje con presteza!

LOS LITIGANTES

Por los bienes que quedaron
al morir un hacendado,
sus hijos se disgustaron;
y después que se ARAÑARON
cada cual buscó el juzgado.

¡Costando mucho dinero
años duró la cuestión,
ya que el abogado artero
explotaba al heredero.
sin pena ni compasión!

¡A los sabios abogados
toda la herencia pasó;
pues DE NECIOS Y PORFIADOS
SE MANTIENEN LOS JUZGADOS
según el refrán rezó!

HISTORIA VERGONZOSA

La historia del aguardiente
ha sido, en toda ocasión,
vergonzosa e indecente,
pues conduce, eternamente,
al crimen y perdición.

Él la lengua ha corrompido
y al mal las manos inclina;
a la amistad ha destruido,
y a la familia ha sumido
en la miseria y la ruina.

Al padre que es cariñoso
luego le torna en tirano;
o le lanza al pavoroso
abismo negro, horroroso,
del crimen torpe, inhumano…

¡La hermosura o la belleza
del rostro el vil destruyó;
pues lo deja con fiereza
violáceo... con gran presteza,
cual berenjena en sazón!

¡A la casa le ha robado
la abundancia y la decencia;
lanza al hombre a la indigencia,
y ríe con insolencia,
al verle sucio arrastrado!

¡Él llena de criminales
las casas de corrección;
preside las saturnales,
y los actos inmorales
formarán su diversión!
Oscuro y ensangrentado

del ebrio el ojo será;
pues el licor le ha quitado
el brillo que le ha adornado
en otro tiempo y edad.

Dando tumbos vacilantes
los ebrios por siempre irán;
y en sus rostros vergonzantes
los crímenes repugnantes
del bandido lucirán.

¡Es horrible el resultado
que en el mundo siempre dió,
el tósigo malhadado,
por Lucifer preparado
con el nombre del alcohol!

LO DICHO… ¡DICHO!

Con su gallarda presencia
llegó un día al Escorial,
un intrépido oficial
solicitando una audiencia,

Del monarca furibundo
que a la España gobernaba,
y que dicen se llamaba
el rey Felipe Segundo.
Y cuando la noche leda
ya sus sombras proyectaba,
disfrazado el rey paseaba
por la espléndida alameda.

En su paseo encontró
al denodado oficial,
a quien sombro y formal
de este modo interrogó:

—¿Viene buscando un favor
en esta regia morada,
do se haya de temporada
nuestro monarca y señor?

—Justicia vengo a pedir,
conforme reza la ley,
a nuestro señor y rey,
quien creo me debe oír.

—Lo que pide, es un secreto,
—¿Me quiere usted confesar?
—¡Hombre!... Te puede ayudar
como un amigo discreto!

—¿Qué quieres al rey decir?
—¡Que quiero ser general,
porque así, como oficial,
no me conviene seguir!

—No ha habido guerra en España
a la cual no haya asistido;
y nunca me han ascendido,
ni por broma, ni por maña!

—Los que lejos estuvieron,
de algún combate inclemente,
ascendieron prontamente,
o cruces les confirieron.

—Pero este soldado leal,
tan valiente y arrojado,
nunca en la vida ha pasado
de ser siempre un oficial!.

—Lo que dices, ¿ no son cuentos?
—¡Nunca en la vida he mentido!
—¡Por consiguiente, ¿has traído
todos tus documentos?
—Aquí, a la vista estarán!

(Se desabrocha la blusa, y muestra al rey
unas cicatrices que tiene en el pecho).

—Y, según tú mismo dices,
¿piensas que esas cicatrices
de algo te servirán?

—¡Con aquestas cicatrices
probaré, vil cortesano,
que he servido al Soberano
arriesgando mis narices!

—¡Quién sabe si no se ahoga
tu pedimiento ante el rey!.
—Pues que el monarca y la ley
vayan los dos…¡a la DROGA!

—Si nuestro rey hoy te oyera
lo que acabas de decir,
te sentenciaba a morir
prontamente en una hoguera.

—Y, ¿crees tú, que yo en el mundo
el miedo habré conocido,
y que algún día yo he temido
al rey Felipe Segundo?

—¡Pues mañana, tú verás
a nuestro rey en la audiencia.
pero ten mucha prudencia
en eso que tratarás!

—¡Adelante, ese oficial
que el rey, esperando está…
(El oficial entra al despacho real, en donde se persuade
que el caballera del día anterior, es el mismo rey).

—¿Qué busca usted por acá?
¿Qué le trajo al Escorial?
—¡Justicia vengo a implorar
ante el rey que justo ha sido,
porque nunca he ascendido
en mi vida militar!

¡En mil combates he estado
donde luché aguerrido;
y... muchas veces herido,
en el campo me han dejado!

¡Los que huyeron del jaleo,
o al combate nunca entraron,
allá los condecoraron
o les dieron un empleo!

Mas... este vasallo leal.
tan valiente y arrojado,
nunca en la vida ha dejado
de ser siempre... UN OFICIAL.

—¡No vengas aquí con cuentos!
—¡Nunca en la vida he mentido!
—La hoja respectiva has traído
o tienes más documentos?

—¡Mis comprobantes… están!

(Se desabrocha la blusa, y muestra
las cicatrices del pecho).

—¿Y con esas cicatrices
tu dicho habrás comprobado
cuando tal vez del pasado
indicarán tus deslices?

—Señor, mi paciencia se ahoga
viendo la duda del rey...
por consiguiente... la ley
que se marche, HACIA LA DROGA!
(Hace ademán de retirarse).
—Castigaré tu osadía
ante tu señor y rey,
aplicándote la ley
fiera, inflexible y sombría.

—¡No crees amarga tu suerte
rebelde y perverso bicho!
—¡Oh, señor! LO DICHO, DICHO
y que me lleve la muerte.

¡Como ante mí no has temblado
con ese genio infernal,
serás, desde hoy GENERAL,
valiente y bravo soldado!

Para Flandes tú saldrás
sin ninguna dilación,
con un fuerte batallón
con el cual combatirás.

Por la Patria y por el rey.
cual un noble gladiador,
siempre esclavo del honor
de la justicia y la ley.

¡Este castigo dará,
con sentimiento profundo,
el gran Felipe Segundo
a quien GENERAL, es ya!

Pensad siempre en la consecuencia de vuestras acciones

HAY en las vías férreas CAMBIADORES
que hacen girar los rieles con presteza,
para evitar, con suma ligereza,
de un imprevisto choque los horrores,
Tomará el tren diversa dirección
según sea de fuerte el movimiento;
mas si el empleado, torpe, en un momento,
se olvidara de hacer esa función…

¿Sabéis lo que podría suceder?...
Que el tren de la derecha va a la izquierda,
donde es probable que ese tren se pierda
al tropezar con otro en su correr!...
De ese gran choque, horrible, pavoroso,
resultarán talvez muchos heridos,
sin contar los que están ya fenecidos
en aquel sitio lúgubre, espantoso..

No significa nada el movimiento
que hace girar la AGUJA DESVIADORA;
mas,…¡cuánto mal produce la demora
que ocasiona el obrero sin talento!...

Cuando sucede este hórrido accidente
el pobre CAMBIADOR es conducido,
ante un juez,..... que, severo y decidido,
le castiga por vil y negligente!....

Como ese hombre pecamos con frecuencia
al cometer mil faltas desgraciadas;
al emitir ideas malhadadas
que traerán tremenda consecuencia!...

Reflexionemos, pues, al dar un paso
para no errar jamás en el camino;
y no diremos luego que el DESTINO
nos es adverso o desgraciado acaso!...

EL ENGAÑO DEL ARROYO
De lo alto de una montaña
nació un pequeño raudal,
que al descender por las rocas
luchaba con grande afán
por llegar a la llanura
para poder aumentar
el volumen de sus aguas
con otros riachuelos más,
y así,. .. merecer el NOMBRE
de Río de gran caudal…

Y dizque logró su intento
el pequeño manantial!...
Mas ¡ay!. .al crecer...miraba
que se empezó a enturbiar
su antes límpida corriente
que un día imitó al cristal!.

Y,…aunque proceloso y turbio
rápido llegó hasta el mar,
¿qué ganaría con esto…
el ansioso manantial?...

¿Acaso el fin de su vida
allá en el mar estará?
¡No! Convertidas en nubes
las aguas del vasto mar,
sobre las altas cumbres
en nieve se tornarán;
y esta nieve ya fundida
por los flancos rodará,
formando tenues arroyos,
que también creciendo irán,
deslizándose veloces
a dar su tributo al mar.
¿Qué objeto tiene el avaro
de acrecentar su caudal
para ser un HOMBRE GRANDE,
dominante, fuerte, audaz,
si la ventura consiste,
no en el LUJO y VANIDAD,
sino en llegar hasta Dios
que es la fuente de BONDAD?

REYERTA FANTÁSTICA

Tú, que surges del abismo,
¿Quién eres espectro odioso ?
¡Me llamo el SEPARATISMO
y persigo al UNIONISMO
y a su ideal noble y grandioso!

—¡Rey soy de revoluciones!
—¿Es vuestra insignia?
—¡EL PILLAJE;.
y mis terribles legiones,
desolaron las naciones
do ha imperado el caudillaje!

¡Que vuelva a ondear altanera
nunca en el centro verán,
la blanca y azul bandera,
que en tiempo lejano fuera
la enseña de Morazán!...

Sostengo con la arma lista
mi enorme y grande partido:
que siempre sigue la pista
a esa legión UNIONISTA
que asesinarme ha querido

Mi cofrade el DESPOTISMO
endereza mis acciones;
quien arrastra hacia el abismo
lo que acuerda el PATRIOTISMO
en estas pobres naciones…

¡Con angustia y con afán
no llaméis, pues, a la UNIÓN:
que al CENTRO no volverán
los manes de Morazán
a haceros la GRAN FUSION!.

—Del negro SEPARATISMO
¡Calla, calla, espectro vil!
¡Baja al insondable abismo
antes de que el PATRIOTISMO
te aplaste con su fusil!

Qué valiente y decidora
nuestra Juventud ufana,
mira despuntar la aurora
que ya no anuncia la hora
DE UNION CENTRO AMERICANA!...

LA CERTEZA DE UN REFRÁN

No hay mal que por bien no venga
dice un antiguo refrán,
que nuestros antepasados
juraban que era verdad;
pero si álguien ese adagio
cree que nos puede engañar,
en este histórico ejemplo
su certeza aquí verá…

De un dolor en una muela
agonizaba Pascual,
sin encontrar una droga
que le pudiera aliviar…

¡Tanto y tanto padecía
con aquel dolor tenaz,
que salió atontado y loco,
sin ponerse ni el gabán,
por los rótulos buscando
una oficina dental,
resuelto a que le extrajeran
aquella muela fatal
que inflamado le tenía
el superior maxilar!

Al cruzar una avenida
se encontró con Luis Bertrand.
a quien siempre había visto
como enemigo mortal…

—Ahora me las pagas todas,
le dijo aquel ganapán,
dándole una bofetada,
tan fuerte y descomunal,
que le echó fuera la muela
que se deseaba sacar,

en su dolor horroroso
aquel mísero mortal!

Ante tanta grosería
mis lectores pensarán,
que tomó las represalias
el valiente de Pascual…
Mas, ¡oh!... cosa sorprendente,
estupenda, excepcional,
el golpeado exclamó ufano,
dirigiéndose a Bertrand:

—¡Gracias, gracias, buen amigo,
que queriendo hacerme un mal,
de este hueso condenado
me ha podido usted librar!

A veces un enemigo,
cegado de un odio infernal,
al querer hacernos daño
contribuye, a su pesar,
a hacernos talvez dichosos
en esta vida mortal.

¡Por eso nuestros abuelos
decían, con seriedad,
NO HAY MAL QUE POR BIEN NO VENGA,
según indica el refrán!

EL CABALLO DEL HORTELANO
Un rocinante, ya anciano,
a una noria relegado,
siempre estaba atormentado
por su dueño, el hortelano.

Se quejaba triste un día
de su desdichada suerte,
diciendo: —¡Venga la muerte
a terminar mi agonía!..

Después de haber trabajado
durante toda mi vida,
sin descanso ni comida,
viviendo siempre apaleado.
¡Sujeto yo debo estar
todo un día y otro día,
a sacar agua a porfía,
sin poderlo remediar!...

Así es que aquí viviré
mirando el mismo paraje,
y recibiendo el ultraje,
de quien mi verdugo fue…

Estas razones oyó
el pobre del hortelano,
y a aquel caballejo anciano,
con gran calma, replicó:

Si quieres cambiar de estado
ya te desengancharé;
y hoy mismo te llevaré
a venderte en el mercado…

Tu piel aprovechará
cualesquier talabartero,
pues ese tu duro CUERO,
para arneses servirá…

De trabajar,...ya no estás,
pues te has vuelto retobado.
¡Vamos, te llevo al mercado,

donde pronto morirás!

El viejo que, por manía,
de sus deberes se aleja,
y de la vida se queja
sin motivo… todavía,

¡Será siempre desdichado
si ya nada quiere hacer;
mas su PIEL puede valer
si se vende en el mercado!

EL FILÓSOFO Y EL BOTERO

Un filósofo arribó
a un río muy caudaloso,
do un botero, presuroso,
en su esquife lo embarcó.

El filósofo, con tino,
preguntó al feliz botero:
—El Algebra, compañero,
que la sabe, me imagino…

—¡No conozco ese pescado,
ni creo existe en el río!..
—¡Pues entonces, amigo mío,
mucho tiempo ha malogrado!...

¿Pero usted tal vez sabrá
de Metafísica un tanto?...
—¡A esa señora ni el manto
nunca he visto por acá!.

—Si de lo que pregunté,
no sabe, mi amigo… nada,
toda su vida pasada
¿en qué la ha invertido usted?.

—¡Vamos! Que sabrá quizás
un poco de Astronomía...
-¡Ni en la ajena,...ni en la mía,
no me he ocupado jamás!...
¡Pues sepa usted, caballero,
que en mi oficio, ...he trabajado
que nunca me ha preocupado
la vida del compañero!...
Sin ninguna utilidad
todo su tiempo ha perdido!
Pero... ¿por qué está afligido?.
¿Qué mira con ansiedad?.
- Nadar debe usted saber,
pues el bote se hunde ya!
—¿Como?... ¿ Cree que por nadar
todo el tiempo iba a perder?
—Si usted no sabe nadar,
debe saber;...ahora mismo,
que se hundirá en el abismo
donde luego se ha de ahogar!...
—Yo sí!..., prorrumpió angustiado
el filósofo del cuento,
daría en este momento
el saber que me ha adornado.
Por saber ahora nadar
y salvar esta corriente;
mas,.... me declaro impotente,...
y me resigno...a expirar

Enseña al hombre cuitado
la fábula, al parecer,
que el sabio más infatuado
muchas cosas ha ignorado
que se deben aprender!...

LOS EXTREMOS SE TOCAN

Ha poco me han referido
que a un campesino sencillo,
le dieron un borriquillo
pequeñito y consentido.

La asnita, con su dulzura
y su amor exagerado,
al burrito había tornado
en una loca criatura.

Ni las voces de los viejos
sus maldades enmendaba;
pues siempre el pillo tomaba
de los malos sus consejos…

Creyó, pues, el labrador,
que era un pozo de ternura,
que al burro, con la dulzura,
le haría un uno mejor….

Los consejos, día a día,
al borrico propinaba;
mas este los despreciaba
siempre necio y a porfía…

—Aleja esa terquedad
que a tu familia hace odiosa,
decía, con voz melosa,
el anciano Trinidad.

Si no entiendes mis razones
pronto te haré comprender,
si debes obedecer
mis justas observaciones…

¡Mas el borrico taimado
en sus trece continuaba,
y del tutor se burlaba
siempre estulto y descarado!

¡Pero llegó una mañana
en que el aldeano sencillo,
con un enorme CHILILLO,
le sacudió la BADANA!

Y aqueste el remedio fué
para aquel burro taimado,
pues dejo de ser malvado
y burro de mala fé…

¡ESTA fábula inocente
nos muestra que una criatura
que se mima con dulzura,
será siempre inconsecuente!

Y aquella a quien el rigor
sus deslices ha cortado,
nunca el deber ha dejado
como esclava del honor…

y nosotros hallaremos
lo que dijo aquella vieja
conocida moraleja…
¡MALOS SERÁN… LOS EXTREMOS!...

LA MOSCA Y EL BUEY
Allá en los campos de un rey
una mosca audaz voló;
y orgullosa se poso
sobre los cuernos de un buey.
—Como soy grande y pesada,

dio la mosca altanera,
volaré de aquí,...ligera,
a buscar otra morada…

—Que estuvieras por ahí,
dijo el buey, ni presumía,
pues ni pesas, mosca mía,
ni eres grande,…creelo así!...

¡Sujetos, verás, talvez,
que a esta mosca, iguales son,
que en su necia presunción,
exhiben su orgullo soez!...

EL ZAPATERO SIN MIEDO

Nos dicen que no zapatero,
que en cierto pueblo habitaba,
a todo muerto velaba
sin ganar ningún dinero.

Y aquel artesano honrado,
aseguraba muy quedo,
que nunca le tuvo miedo
a tanto muerto VELADO!...

Su valor descomunal
tanto elogiaba el endino,
que se propuso un vecino
darle un susto sin igual…

El bromista se fingió
enfermo de gravedad,
y muy luego en la ciudad
se supo que falleció…
Siendo el muerto forastero
ordenó la policía,

que el cadáver velaría
el valiente zapatero.

Ante aquel muerto fingido,
el zapatero, atareado,
quiso concluir un calzado
que de casa había traído.

Su trabajo adelantaba,
y, ya próximo a acabar,
se puso alegre a cantar
mientras betún les untaba.

De pronto,...sintió aturdido
fiero golpe en la cabeza,
y vió, con grande sorpresa,
que el muerto le había herido…

Y oyó, con grande terror
estas frases en su espanto:
No de debe entonar un canto
quien hace de VELADOR!...

El dominio recobró;
y… empuñando el TIRA PIÉ,
al muerto azotando fué,
de modo que lo aquietó.

Gritó entonces el zapatero
con acento furibundo:
—¡El que está en el otro mundo,
no debe ser tan grosero!

Y dicen que el hombre aquel,
que tan fea broma urdió,
al zapatero ofreció
no hacerse el MUERTO otra vez!..

EL CUERVO Y EL ZORRO

Un cuervo astuto y muy travieso
una tajada de excelente queso
a una pobre aldeana le robó;
y un zorro que husmeó el fino bocado,
con acento melifluo, almibarado,
al cuervo pillo, así se dirigió:

—De los pájaros, eres el hermoso,
pues tu plumaje de ébano lustroso
a ninguno el Señor le concedió.
Sólo te falta, amigo muy querido,
que cambies tu fatídico graznido
por el trino del dulce ruiseñor.

¡Y el cuervo que al zorro oía entretanto,
queriendo simular un suave canto
la tajada de queso abandonó;
y al verla caer el zorro desbarbado,
se la engulló ligero, de un bocado,
y de allí,.... presuroso, se marchó!

La lisonja, es hipócrita alabanza
que siempre perjudica gravemente.
con el que adula,. .sed siempre muy prudente:
no aprecies los elogios que te lanza.

LAS NARANJAS

El hijo del anciano don Paulino
mostraba su inocencia, su dulzura,
y el talento, a la par de la hermosura,
con que audaz le adornara su destino.

Un portento en su tiempo el joven era;
más por desgracia suya había dado,
en andar cada día acompañado
con un amigo malo y calavera.

El padre vanamente procuraba
cortar esa amistad tan peligrosa;
pues su hijo con su risa desdeñosa,
así atrevido al viejo replicaba:

—¡Ay! Si usted a mi amigo conociera
no me exhortara a dejar su compañía…
él es muy bueno y aunque no lo fuera
frecuentándome a mí, se compondría.

Así exclamó aquel tonto rapazuelo
de una falsa confianza prevenido;
y su padre, cada vez más afligido,
al muchacho miraba con recelo.

Para darle un consejo saludable
a aquel que se burlaba de su cuita,
de naranjas llenó una gran cestita,
que tenía el anciano venerable.

Entre ellas,...dos o tres, con firme mano,
colocó que estarían ya podridas;
pues se veía que estaban va destruidas
por ingrato y maléfico gusano.

Al fin llegó el muchacho a contemplarlas:
y presumiendo que iban a perderse,
—¿No vió, dijo, que van a corromperse
desde que quiso usted así mezclarlas?

—Cesen ya tus temores y tus penas.
que las malas,...así no seguirán;
pues corromperse,…creo...no podrán.
con el suave contacto de las buenas.

¡Guarda el cesto en el cofre una semana;
y al cabo de ese tiempo, tu verás,
que cada fruta allí... siempre hallarás
más hermosa, más suave y más galana!

Llega al fin aquel plazo convenido:
dále el padre la llave; él se apresura;
mas al abrir el cofre con premura,
todas las frutas vé. que se han podrido.

Por la pérdida, forma una batahola,
diciendo al ver el cuadro tan horrible:
—¿Ya miró usted que resultó imposible
que así quedara buena ni una sola?

¡Resulta ésto de estar en compañía
de las cosas que se hallan arruinadas;
pues las buenas se ven contaminadas
con el hedor que exhalan a porfía!

Aunque trate con buenos es constante
que un vil perverso, en su implacable saña,
al inocente te pervierte y daña
con su contacto min y degradante.

EL FUEGO FATUO

En una noche tétrica y fría
tras fuego fatuo veloz corría
un inocente, bello rapaz:
y cuando creía que lo alcanzaba,
el fuego fatuo se le alejaba
en raudo vuelo cada vez más.

Como ese niño siguiendo vamos,
en esta vida que ahora cruzamos
llena de espinas y de maldad,

ya a la riqueza o a la fortuna,
y ambas se esfuman una tras una
al ver de frente nuestra ansiedad.

¡Ay! De los tristes, pobres viajeros
que van corriendo por los senderos
tras los honores o la ilusión;
pues como el niño a quien burlaba
el fuego fatuo que se alejaba,
hallarán sólo la decepción.

LA BUENA FE PERDIDA
Dicen celestes leyendas
que hace poco descubrí,
que el Hacedor, condolido,
de las amarguras mil
que los mortales padecen
en este mundo infeliz,
ordenó a la BUENA FE
que viniera por aquí,
a mediar en los negocios,
debiendo así contribuir,
a la pureza en los actos
que el hombre ejecuta;... y, en fin..
a trabajar porque el mundo
fuera eterno edén feliz.

Gran novedad se notó
al arribar por aquí,
aquella graciosa virgen
que llegaba a difundir
la concordia entre los pueblos
del mundo pérfido y vil.

Fué objeto de adoración
y de un cariño sin fin,
aquella deidad hermosa
en todo lugar y país;
más se esfumó velozmente
sin poderse descubrir
el rumbo desconocido
que siguiera aquella hurí.

Y las gentes al no verla
lanzaban clamores mil,
pues del misterioso viaje
se culpaban entre sí…

¡Se perdió la BUENA FE!
doquiera se oía decir;
y su viaje lo atribuían
al periodista servil,
al comerciante usurero
que extorsiona al infeliz:
al terrible amigo falso,
al jurisconsulto vil
que las leyes atropella
para alcanzar un mal fin;
al tremendo gobernante
que a su pueblo hace sufrir.
o a los maestros que no enseñan,
en la cátedra infantil,
que hay un Dios sabio y clemente
ante el cual hay que rendir,
la cuenta más minuciosa
de nuestra vida infeliz.

Nos afirma la leyenda
que el Creador, al descubrir
la fuga de la EL BUENA
envió hermoso querubín,

para que en su busca fuera,
y, en un carro de marfil,
la llevara a su presencia
para que dijera allí,
por qué se había alejado
de aquesta tierra infeliz.

Mucho tiempo anduvo el ángel
haciendo preguntas mil,
a los que siempre encontraba
sin hallarla por allí…

A casa de un abogado
por ella peguntó, al fin,
y aquel le dijo: hace tiempo
que ha dejado de existir.

Y continuando su marcha
halló al padre Valentín,
quien le dijo: —A esa señora
que afirmáis es tan gentil,
no la he visto en estos lares,
ni creo que more aquí.

Un galeno que se hallaba
operando a un infeliz,
le afirmó que allá, en la tumba,
descansaba aquella hurí.

¡Como hallaría no ha podido
de la tierra en el confín,
dicen que sigue en su busca
el alado querubín!

EL ORGULLO CASTIGADO

Aunque Dios a tu marcha ponga valla
la romperás indómito y potente,
pues surcarás el piélago rugiente
sin temer de las nubes la metralla.

Hundirte no podrás: INSUMERGIBLE
te ha construido la altanera ciencia;
y del fuego la bárbara inclemencia,
no abrasará tu cuerpo incombustible!

Tal divisa en su casco ostentaría
el rápido TITANIO, el monstruoso
navío a quien llamaron el coloso
de los mares que ufano surcaría

Mas... ¡Ay! La sabia y poderosa mano
del Eterno que rige todo el mundo,
aniquiló veloz en un segundo,
aquel portento del ingenio humano.

¡Por un bloque de hielo destrozado,
al rugir del terrible cataclismo,
se esfumó aquel vapor en el abismo
donde mora en sus antros sepultado!
¡La blasfemia, el error y la impiedad
ante el poder de Dios se desvanecen,
como los fuegos fatuos que aparecen
de la noche en la negra oscuridad!

EL ASNO LETRADO

He de llegar a ser Doctor, decía,
un asno que en el monte discurría
bajo un árbol copudo y protector.

—Si otros burros enclenques han triunfado,
por qué puedo quedarme rezagado
en este mundo de penas y dolor.

Para escalar el Monte de la Ciencia
hay que tener cachaza o bien paciencia
sin detenerse jamás a cavilar;
y aunque escabroso mire mi camino.
llegaré felizmente a mi destino
para obtener el premio a mi penar.

Así iba razonando el buen pollino
al emprender resuelto su camino
hacia el templo encantado del Saber;
al dar un paso, cayó, volvió a darlo,
y no pudiendo la caída amedrentarlo,
avanzó sin querer retroceder….

—¿No es para los constantes la victoria?
¡Firmeza, pues, para encontrar la gloria!...
el borrico se dijo para sí;
y al trascurrir una docena de años,
de luchas y terribles desengaños,
su temerario intento logró al fin.

Sólo una cosa al pobre le ha turbado
a pesar de ser hoy un abogado
de renombre y de fama sin igual;
y es que, al llegar arriba,. en una fuente
reflejadas,…vió cerca de su trente
dos orejas de forma colosal.

Y al ver el par de orejas alargadas
por las ondas de la fuente alborozadas,
dijo el borrico poseído de dolor:
"¡NI EN SALAMANCA ADQUIRIRÁ TALENTO
EL QUE ES SIN LUCES Y NACIÓ JUMENTO
AUNQUN OBTENGA EL DIPLOMA DE DOCTOR!".

EL CIRUJANO Y EL ENFERMO

Una úlcera cruel ya le causaba
al sargento Miguel de Calatrava
un terrible y sin igual dolor;
y aunque emplastos en la úlcera ponía,
se empeoraba el enfermo cada día,
hasta que vino a verlo un gran doctor.

Para evitar que aquel no se moviera
al sentir la cuchilla y la tijera
al paciente en su lecho,... fuerte ató;
a mondar carne empieza a cada lado,
y cuando a cortar en lo vivo hubo llegado,
el enfermo energúmeno gritó:

—Eres un hombre vil y carnicero:
un terrible verdugo audaz y fiero
a quien tendré por siempre odio mortal!
¡Mas el doctor, sin oír tales razones,
despreció del sargento los bardones,
pudiendo así su oficio consumar!
El médico lo venda; y, prescribiendo
la regla que debía estar siguiendo
ofreció que muy luego iba a volver;
y el enfermo, sintiéndose aliviado,
fué a ver a quien le había libertado
de semejante y horrible padecer.

Al verlo, el médico díjole sonriente.
—Aquí tienes al bárbaro inclemente
que tanto te hizo de dolor rabiar!
—Mi vida salvó usted, y sólo siento
que debido al dolor cruel y violento
pude a usted, como imbécil, injuriar.

—¡Si hubiera usted mis quejas atendido,
es probable que hubiera fallecido

en medio de un tantálico dolor!
Debo a usted, por tanto, aquesta vida,
y su hazaña quedará esculpida
en mi alma, no lo dude, usted, doctor.

Si un buen maestro, cumpliendo con su oficio
os castiga o impone un sacrificio,
sufridlo con paciencia y sin dolor:
pues desea ese apóstol abnegado
alejar de vosotros el menguado
manto de la ignorancia y del error

Ilama, 1932.

www.ingramcontent.com/pod-product-compliance
Lightning Source LLC
Chambersburg PA
CBHW020237130626
46549CB00005B/1936